台灣風土系列⑦

植物的故事

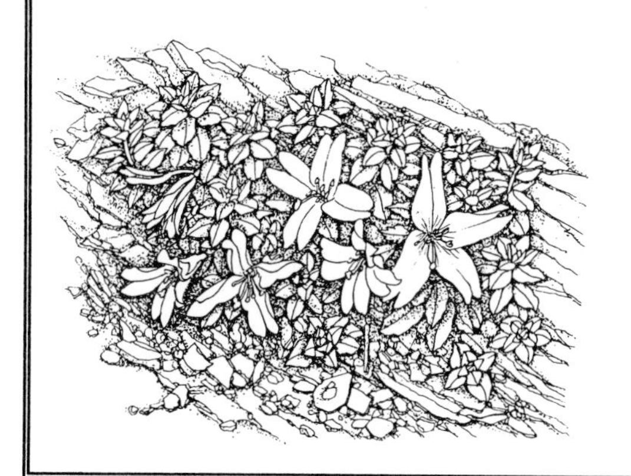

審訂：潘富俊

文：陳月文

封面繪圖：林麗琪

內頁繪圖：簡民熙

編者的話

近幾年來，政府積極推動鄉土教育，希望國中、小學學生能對台灣的風土文物有所認識。然而學校老師為了豐富自己鄉土的素養與知識，卻有資料難尋之感。聯經出版公司在出版金鼎獎童書《台灣歷史故事》之後，獲得各界熱烈回響，不時有家長、老師建議繼續開發、延伸此一系列著作。

有鑑於此，聯經出版公司經過資料蒐集與規劃，邀請兒童文學作家執筆，專業的史學、科學教授審校，並由插畫者配上精緻的插圖。於是一篇篇豐富又有趣的台灣風土系列故事，再次呈現在讀者面前。

《台灣風土系列》全套共十冊，包括：《開發的故事》、《民間信仰的故事》、《習俗的故事》、《海洋的故事》、《河流的故事》、《動物的故事》、《植物的故事》、《住民的故事》、《物產的故事》、《山脈的故事》。

本系列以說故事的筆法敘述，以主題事物爲主軸，涵蓋歷史、人文、自然、科學與生活，適合國小中、高年級以上的學生閱讀。相信閱讀過這套叢書之後，人人都能認識台灣風土，並對我們的生活與習慣有更多的了解。

序

陳月文

喜歡運動，喜愛野外活動的我，每回與家人走在鄉間小路，走在知名古道或登山小徑上，對於入眼的盈眶綠意總視爲理所當然。

及至投身《植物的故事》寫作，大量閱讀相關資料，有目的查踏台灣山野，才訝異的知曉，台灣的土地上能有六千多種植物，是多麼多、多麼多的「恰巧」所造成的！

在地球上，與台灣緯度相當的地區，不是草原，就是荒漠；那些地區的植物種類也相對的單純貧乏。

而爲什麼台灣這麼個彈丸之島，卻能同時擁有從熱帶到寒帶各帶的植物，並擁有爲數衆多的森林？

一方面，固然因爲台灣跨身熱帶與亞熱帶，本身已具足生長熱帶與亞熱帶植物的條件。

又由於位處太平洋邊陲，且緊鄰亞洲大陸，與周邊的國家也相距不遠。因此，在風的吹送、海水的飄送，以及候鳥的南來北往中，無意間便將周邊陸地上的植物，傳入了台灣。

再加上，台灣三萬六千平方公里的小小面積中，竟有三分之二以上的面積，是海拔一千公尺以上的山地，甚至有終年冰封四個月的高山寒冷地帶。

這些山脈，隨著海拔高度的攀升，氣溫漸低，卻也恰巧提供了溫帶與寒帶植物的生長空間。

於是，在臨海有海濱植物；在北部低海拔地區有亞熱帶植物；在南部低海拔地區有熱帶植物；在中海拔有溫帶植物；在高海拔有寒帶植物的實況中，台灣便穩坐了「袖珍世界植物園」的寶座！

一頭栽進台灣植物資料的研讀之後，除了爲自己能身處這塊植物寶地而深自慶幸之外，也發現了許多植物世界的有趣現象。

例如：

在台灣島還未誕生前，便已生存在地球上的「孑遺植物」，仍以億萬年前的祖先形貌挺立世間；

生活在缺水地區的「多肉植物」，以他們厚實的軀體，有效的儲存水分；

「有毒植物」以身上的毒液，讓動物生畏而倖存；

習慣長在貧瘠土地上的「食蟲植物」，以吃食小昆蟲補充欠缺的氮肥；

植株矮小的「著生植物」，以依附樹身高處來爭取更多的陽光照臨；

位處河、海交接口的「河口植物」，發展出排除鹽分的腺體；

「歸化植物」雖來自異鄉，卻在這塊寶地上順利的落戶、繁衍；

…………

知道植物世界這林林總總的有趣生存面相之後，我眞迫不及待的想與大家分享我的發現！

我於是將自己化身爲「台灣」——這個提供植物落籍的海島，想像這六千多種植物朋友，如何一一順利的生長在我這身千變萬化的土質上，並試圖以台灣本島的地理、氣候等條件，整理出植物們生存其間的現象。

爲了讓讀者有機會親臨植物身旁，書中也介紹了幾條一向有許多人造訪的步道，及步道周圍的植物，讓有興趣前往一探究竟的朋友，有認識當地植物、與當地植物作朋友的機會。

由於，每個地區的植物種類繁多，文中無法一一列舉。我因此只陳述較具代表性的幾種植物。

然而，即便如此，字裏行間還是有著許多許多的植物名詞。對於大多數小讀者而言，這些名詞可能只是聲音與文字的組合，讀起來不太有趣；沒有身臨其境的觀察，了解也將非常有限。

在這個部分上，我的想法是：這些植物名詞，也許正是各位認識當地台灣植物的敲門磚。當你有了植物名詞的印象之後，下回，你到了那個地方，也許會興起找找那些植物的好奇心，並眞正的看到了它的廬山眞面目。

於是，一次又一次的好奇，點點滴滴的認識，便無形中拉近了你與植物朋友的距離。

寫罷這本《植物的故事》，我的心中有著滿滿滿滿的感謝！

除了感謝台灣島身上這六千多種植物旺盛的生命力，讓我在寫他們、介紹他們的時候，有太多太多的資源之外；

也感謝聯經出版公司交付我這本書的寫作任務，讓我有機會優游豐茂的台灣植物世界；

我也要謝謝台灣大學植物系的郭城孟教授及林業試驗所生物系潘富俊主任，在百忙中爲我指正缺失；

我尤其要感謝我的家人，不但在精神上支持我撰寫這本書，還經常在假日裡，陪我跋山涉水，陪我豐富對植物朋友的感覺。

也是因著這本書的機緣，我終於圓了多年來攀登玉山主峰的心願！

我以想親臨高山寒原，以豐富我這本書的內涵爲理由，說服了丈夫垣崇、讀國中二年級的女兒陳凡，及國小一年級的兒子陳易，共同攀上了玉山主峰！

你知道嗎？當我站在玉山主峰三千九百五十二公尺的高峰上，俯視群山時，那種與高峰同在的感動，讓我沈醉了許久、許久！

盼望，有緣閱讀到這本書的讀者，在與我共享我寫這本書時點點滴滴的收穫之餘，也有著屬於自己的更多、更豐盈的收穫！

目次

美麗的台灣植物

「啊，福爾摩沙！」

「啊，福爾摩沙！」

我正靜心享受著和煦的陽光，傾聽腳下波濤細語時，聽到了來自海上的連串驚嘆。

我循聲找尋這連連的讚嘆聲，發現是一群駕船經過我身旁的葡萄牙人所發出來的。

原來，他們正在讚美我是個「美麗之島」！

照人類的算法，那已經是四百多年前所發生的事了。

自葡萄牙人所駕駛的船隻經過我的身旁，發出：

「啊，福爾摩沙」的驚嘆，讚美我是個「美麗之島」以來，覆蓋在我軀體上的，讓葡萄牙人驚豔的各種植物，所散發出來婀娜多姿的風情，便一直讓世人神往。

許多人說我得天獨厚，既身處熱帶與亞熱帶兩個不同氣候帶的交界；周圍又環繞著日本、琉球、中國大陸、中南半島，和菲律賓等物產各不相同的地區；再加上，本身又是個雨量豐沛的小島；以及全身上上下下，有三分之二以上的體軀，是超過一千公尺的山脈，所以才成就了我今日獨特的美麗相貌。

這些，我都不否認。

可是，各位卻也別忘了，生長在我身上的植物朋友，也是在時間的不斷推演中，歷經千辛萬苦的開疆闢土，及環境的嚴酷試煉和考驗，經過不斷的調整、適應，才終於展現如今的美麗面貌的。

我原是個可憐裸地

台灣島在板塊運動中推擠出海時，原是個貧瘠的裸地，經過幾百萬年的時間推演，在風、在海、在陸上動物與小鳥的傳播中，將綠色種子一點點帶上這塊土地。又經過一連串的植物演替，才終於形成令人讚嘆的「美麗之島」。

•完全沒有任何植物生長覆蓋的土地，稱為裸地。

老實說，這些綠色生命還沒冒出我的軀體之前，我這位居太平洋邊陲的孤寂小島，不過是個一身嶙峋、醜陋光禿的可憐裸地。

每天，每天，熱情的太陽毫不吝惜的，將他的光和熱揮灑在我身上，把我的皮膚燒烤得鬆軟酥酥的；而風肆意的撫摸我酥鬆的皮膚時，總會順勢帶走我一些鬆軟的表皮；當雨水毫無遮掩的洗滌我脆弱的身軀時，也總輕易的洗去我一層又一層的皮層；太平洋鎮日輕搖他的裙襬，向我細語綿綿，卻也陸陸續續帶走了我腳邊的石子和砂子……。

太陽喜歡在他用光和熱輕觸我的體軀時笑說：「台灣老弟呀，像你這樣小小一個島嶼，卻滿身坑坑疤疤，布滿高高低低皺紋的地方，在地球上實在是並不多見呀！」

我總是羞愧的低垂著頭，在太陽的訕笑聲中，默默承受這項殘酷的事實。

我不能怪誰，也不敢埋怨誰。

眞要怪，只能怪當初歐亞大陸和菲律賓板塊相互推擠、玩耍時，戲耍得太激烈了，才會把原本悠游海底的我推擠出海面，而且推擠成今天這麼個一身嶙峋的難看模樣！

在默默承受太陽和風雨的揶揄時，我的心底也一直在默默的祈禱，祈禱埋藏在我體內的植物朋友們，趕快從我的身體裡探出頭來，趕快來保護我脆弱的軀體。

我很清楚自己體內已經孕育了豐富的綠色後裔。

他們有的從位於我東南方的菲律賓、馬來西亞等太平洋諸島，乘著風、乘著海水，或被小鳥帶來的；以及後來，當我與位於我西北方的大陸相連時，被風、被小鳥、被動物們從喜瑪拉雅山上；從中國大陸的東南方給帶來的。

經過了這麼多、這麼多個日出日落以及天暖天寒，地衣和苔蘚已經先後在我貧瘠的表皮上，鋪上一層適合他們成長的溫床的現在，我覺得，他們實在已經該出來呼吸呼吸新鮮的空氣了。

我日日盼望，日日等待；我一天天細細的感覺自己的身體，希望早日體會綠色生命將要探頭的徵兆。

先鋒植物打前鋒

這一天，天際才矇矇亮，太陽的後腳還沒跨離太平洋彼岸呢，我卻已經感覺到，綠色生命似乎就要到來。

我體表皮膚下的深層土壤，開始傳來陣陣痛楚，在

- 習慣生長在岩石上的地衣，會分泌地衣酸，將菌絲或假根穿進岩石，促使岩石風化成土壤，所以有人稱它爲「大地的開拓者」。
- 當地衣和苔蘚進駐貧瘠的裸地，將原本不適合植物生長的岩石、惡地，風化成適合植物生長的土壤以後，喜歡陽光、不畏乾旱的草本植物——先鋒植物，便成爲土地上的探路先鋒。

這裡、在那裡、在許多許多處。

「來吧，快來吧！」我呼喚著，心中的歡愉更勝體軀的點點不適。

我努力放鬆自己緊張的肌膚，一再一再的深呼吸，一次一次的放鬆緊繃的肌肉。我希望這樣的努力，可以讓埋藏體內的小生命，更容易探出頭來。

終於，在一陣「啵、啵、啵、啵」的輕裂聲響中，我土黃色的皮膚上，冒出了許多綠色的小芽。

「嗨，你們好啊！」我由衷的歡迎他們。

我知道，有了這群「先鋒植物」的開疆闢土，我身上長滿茂密綠色生命的遠景已清晰可期。

這時，耳邊忽然響起太陽的聲音：「台灣，恭喜你呀，你終於有漂亮的衣裳可以穿了。」

「是呀！是呀！」我嘴裡回答著，眼光卻不捨得從

• 除地衣、苔蘚之外，最先在貧瘠土地上生長的植物，稱爲先鋒植物。由於生長的地方多半是空曠的開闊地，因此，多半具有向陽、畏水、易生長等特性。

車前草

這群翠綠的小可愛身上移開。

太陽笑呵呵的告訴我身上的小芽們：「來，來好好享受今生的第一道陽光吧！」

我感覺到身體一熱，知道太陽正以他的萬丈光芒，輕點我身上的綠色生命。

很快的，咸豐草、五節芒、車前草……，各自以他們美麗而獨特的姿態，搖擺在溫暖的陽光中。

這些可愛的先鋒植物們，熱情的回應著太陽熱情的鼓舞，他們也熱切的歡呼著：「太陽公公快來呀，快給我更多更多的光和熱呀，好讓我快快的長大呀！」

得到小芽們的熱切呼喚，太陽的光和熱舞得更帶勁了。

而小芽們，當然就長得更快了！

綠色小芽一路向上探身成長的同時，我感覺到自己身體裡面的土壤，陸續被他們的根系緊緊攫住，原本鬆鬆軟軟的土壤竟比以前更厚了些呢！

先鋒樹種長得快

當這些探路的先鋒植物們，爲我的體表織出一片薄薄的綠錦之後，被風、被海、被小鳥捎來種子的血桐、野桐、構樹等先鋒樹種，也開始冒出頭來。

「嗨，先鋒樹種，你們甦醒啦！」我與他們親切打招呼的同時，暗暗期盼他們可以快快長高、長大，好有效阻擋風和雨對我的肆虐。

「台灣爺爺，謝謝您讓我們在您的身體裡發芽、成長。」血桐很有禮貌。

「呵呵呵，不謝，不謝，不客氣，」我告訴他們：「你們

• 先鋒植物在開闊地生長一段時間後，土地的涵水量及土質都會改善，而能提供易成長的樹種基本的養分。於是，先鋒樹種便進駐了。

可終於長出來了，台灣爺爺我等你們出來，已經等了好久好久啦！」

「眞的嗎？」構樹俏皮的問。

「是呀，台灣爺爺我在想呀，等你們長成大樹以後，就可以替我擋住大太陽；替我擋住風；替我擋住雨，我就不會再被他們欺負了呀！」我老實的說。

「沒有問題！」先鋒樹種們一個個拍胸脯保證。

先鋒樹種們環視四周，對著咸豐草、五節芒、車前草等先鋒植物說：「也謝謝你們，是你們讓這片土壤涵養了足夠的水分和養分，才讓我們有足夠的營養發出芽來。」

迎風搖擺的先鋒植物們，秀著他們柔軟的葉片，溫柔的回答：「不謝、不客氣！」

太陽大方的伸展他千萬隻充滿光和熱的手指，輕撫

•經過先鋒植物的開疆闢土，原本貧瘠的裸地已經逐漸飽含養分，也有了較厚的土壤。於是，有硬挺樹幹、喜好陽光、不畏乾旱的先鋒樹種，便歡歡喜喜的住進了當地。

構樹

•先鋒樹種具有硬挺的樹幹，爲木本植物，因此，會長得比草本的先鋒植物高。

剛探出頭來的先鋒樹種們，他慷慨的說：「我知道你們也喜歡我的愛撫。來吧，我會每天每天用我的光和熱，照顧你們成長！」

「謝謝，謝謝，謝謝太陽公公！」

在豔陽的恣意滋潤下，先鋒樹種們很快的竄高，不一會兒就超越了五節芒、車前草等先鋒植物，並在硬挺的樹幹支撐下持續向上生長。

不過一、二十個寒暑，先鋒樹種們已經長成一片茂密的樹林。

先鋒樹種們迎著陽光，一路向上竄升的當兒，我偶爾會聽到五節芒、車前草這些先鋒植物們仰著頭，向後來居上，長得比他們高大的血桐、構樹們抱怨：「你們身上又大又密的枝葉，把我們需要的陽光都擋住啦！」

「對不起、對不起！」血桐、野桐、構樹們低頭道

五節芒

歉之後，卻也只能實話實說：「我們沒有辦法把伸出去的手腳縮回來耶，怎麼辦？」

他們說的都是真的！他們確實沒有辦法把伸展出去的枝葉縮起來。

我想，五節芒、車前草這些先鋒植物心裡也很清楚。

結果，咸豐草、車前草、五節芒等先鋒植物互相討論後，決定退出這片曾是他們戮力開闢出來的茂密林區。

他們灑脫的說：「看來，只好把這兒留給你們囉！我們會再去找一片陽光飽滿的裸地，開創我們生命的另一個春天。」

於是，咸豐草積極的將種子黏附在經過他們身邊的動物毛皮上，跟著動物走出這片陰濕的密林；五節芒則

姑婆芋

讓種子隨著風吹到充滿陽光的空地，再掉落地面，重新成長。

先鋒植物相繼退出先鋒樹種的樹蔭底下之後，不太喜歡大太陽的紅楠、香楠、楊梅、虎皮楠等植物可開心了，他們相繼在密林裡發了芽，在密葉的保護下快樂的成長。

他們總是抬起頭，向頭頂上的重重綠葉說：「謝謝你們幫我們擋住炙熱的陽光。」

野桐、構樹們總也謙虛的回答：「不客氣！」

很快的，姑婆芋、月桃、毬蘭、筆筒樹、觀音座蓮、伏石蕨等耐陰植物也進駐了這片土地，形成原生而多樣的森林。

•森林指有多層植被：地表是地衣、苔蘚、蕨類植物；向上依序是草本、灌木、第二層喬木、第一層喬木等植物共同組成的，鬱密度高的成熟植物社會。

茂密森林保護我

現在，我的身上重重裹覆著高矮錯落的植物朋友囉！重重植物朋友形成的茂密森林不但保護著我，也將我裝扮得漂亮極了。

我細細瞧著這些長在我身上的綠錦繁花，知道最貼近我皮膚的，是地衣和苔蘚這些地表植物；地表植物的上頭，是姑婆芋、觀音座蓮等缺乏硬挺主幹的草本植物；草本植物上頭，是懸鉤子、九節木等枝枒茂密的灌木叢；灌木叢上頭，是樹杞、冬青等有粗壯主幹的第二層喬木；第二層喬木上頭，則是香楠、楊梅等主幹更粗壯、樹形更高大，而且樹葉多半像支大傘般，在樹幹頂端大大撐開的第一層喬木。

我現在可舒服了！

• 當植物相繼進入，在土地上形成錯落有致的植物群落：地表植物、草本植物、灌叢植物、喬木植物之後，便形成了森林。有了森林的保護，太陽、風、雨便不再對土地造成可怕的威脅了。

以前常打得我遍體鱗傷，不斷攫走我層層體膚的狂風驟雨，現在已經傷害不了我了。

即使是再大的雨，再狂暴的風，碰到頂在我身上的第一層喬木後，氣勢多半已經去了大半；當他們繼續經過第二層喬木、灌木、草本植物和地表植物，等眞正碰觸到我的身體時，已經是輕輕柔柔的微風和細水了。

這些觸碰到我身上的微風和細水，進入我身體的土壤裡面後，又會被埋藏在我身體裡的植物根系吸吮，成爲他們的養分。

於是，一場場大大小小的雨水澆灌，在我身上重重植物朋友的戒護之下，再也不會傷及我的體膚了。

我眞是感激我這群植物好朋友！

其實，歷經這麼千萬個寒暑，我眼見這些植物朋友們在春暖時開花，在夏熱時努力製造糧食，在秋涼時結果，在冬寒時依賴自身儲存的糧食度過天寒地凍。

看著他們在春神探頭時，紛紛展露芽苞，為我的身上妝點滿身青翠；在夏天熾熱的午後，悄悄開出滿山遍野的各色花朵；在秋天的涼意告知中，換裝成一身的褐；到冬天寒風吹襲中的瑟縮，靜待來年春神的再度召喚。

也有熬不過去的，只好揮別燦爛的生命，將自身腐化成其他植物朋友的養分！

看著這些植物朋友為生存而努力，我常又欽佩又感恩。

我記得太陽曾告訴過我，我所存在的地球，之所以能有這麼旺盛的生命力，就是因為地球上有植物的關係。

太陽說：「如果地球上沒有植物，就不會有吃草的動物；沒有吃草的動物，就不會有吃肉的動物；那麼地球上就不會像現在這麼熱鬧、有生氣了。」

我想起了太陽也告訴過我的，太陽系的其他星球，生長環境都沒有地球好，所以長不出植物，當然也就長不出其他的生物。

想到這兒，我就忍不住慶幸自己是地球的一分子，可以在這個充滿生氣的地方生活。

我也因此衷心期盼，我身上的植物朋友能好好生活下去，好爲我的身體上，帶來豐富的生命力。

我正想得出神呢，太陽卻在高高的頭上呼喚我了：「喂，台灣老弟呀，我今天有一個新發現耶！」

「哦，什麼新發現？」我很喜歡聽太陽告訴我他的見聞。

「你知道嗎？」太陽告訴我：「你是一個袖珍的世

界植物園耶！」

「眞的嗎？」我不太了解太陽的意思。

「你知道嗎？」太陽又說了：「我走遍全世界，只有在你的身上可以同時看到寒帶、溫帶、亞熱帶和熱帶的植物。」

「眞的嗎？」我還以爲全世界的每個地方都是這樣的。

「你眞的很特別！」太陽告訴我：「通常，在寒冷的北方，只長得出適合寒地生長的寒帶植物；在潮濕炎熱的南方，只長得出熱帶植物。只有你，這麼一小塊地方，卻長著各種不同氣候帶的植物。」

太陽的話，讓我的心驕傲得有點兒飄飄然。

我望著身上這六千多種植物朋友，有的挺立生長，有的只能匍匐爬行地面；有的會開花結果，有的只能用

- 台灣雖是個小小海島，但本身兼跨熱帶和亞熱帶氣候帶，因此具有這兩個氣候帶的植物。又由於島上山脈聳立，山地高度愈高、溫度愈低，因而也兼具溫帶和寒帶氣候特性，而能兼容並蓄生長著各種氣候帶的植物，而有「袖珍的世界植物園」之稱。
- 六千多種台灣植物是包括：地衣、苔蘚、藻類、蕨類等兩千多種低等植物，及四千多種有維管束的高等植物。

孢子傳承後代；有的住高山，有的長海邊；我的心裡忽然有了一個新的想法。

在這個風和日麗的午後，我央求他們：「說說你們之間的特點和彼此之間的差異吧，免得我老是把你們搞混了！」我想讓我自己更認識我的植物朋友們；也想讓太陽眞正認識他們的不同。

「好呀！」我的植物朋友們答應得很爽快。

植物朋友們紛紛自我介紹

植物家族裡，長相、特色各不相同。有的長得高、有的長得矮；有的愛住高山、有的愛待海邊；有的會分泌乳汁、有的長著一身的刺。而他們的喜好、長相，其實正充分展現了他們適應環境的本領呢！

很快的，我的植物朋友們不論長相、不論高矮、不論胖瘦，統統派了代表聚集在我的面前；而且一群一群的聚成了十七堆。

我問他們：「你們把自己分成十七堆，是不是表示你們把自己分為十七類不同的種類？」

「是呀，台灣爺爺。」植物朋友們告訴我：「我們把我們植物身上的十七類不同特徵一一告訴您，您就可以從我們身上的差異來認識我們。不過，我們每一類植物的身上，通常都不只有一項特徵呦。」

這一點我可以了解，因為，我放眼望去，這十七類植物朋友們雖各有特色，卻也仍有許多共通的特質。

比方說，在第一堆那些花枝招展的開花植物旁邊，其他堆植物朋友裡，也都看得到會開花的植物朋友；又好比說，第二堆的孑遺植物老朋友中，有些同時也在第

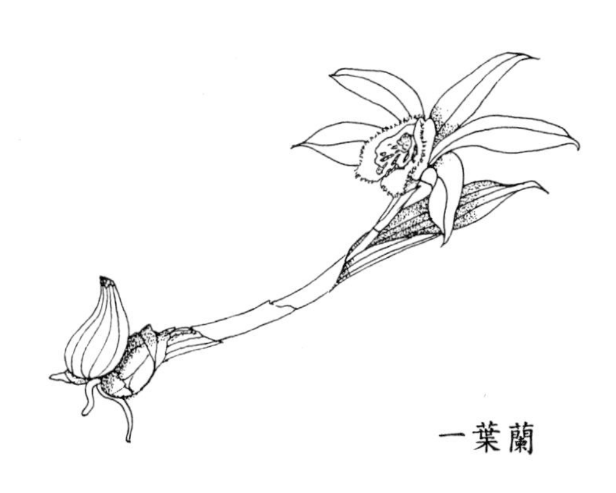
一葉蘭

三堆的高山植物朋友行列中。

接著，他們依序自我介紹說：「我們是開花植物、子遺植物、高山植物、多肉植物、乳汁植物、有毒植物、有刺植物、食蟲植物、著生植物、藤本植物、腐生植物、寄生植物、濕生植物、水生植物、河口植物、海濱植物、歸化植物。」

我的天呀！他們以爲我台灣這麼聽一下他們的名稱，就可以完全了解他們之間的異同了！

他們也太高估我了吧！

「你們是說出了你們的特徵名稱了，可是，我卻聽得迷迷茫茫，」我告訴這些可愛的植物朋友們：「你們可不可以介紹介紹自己的特徵，和爲什麼要有這項特徵的原因，好讓我搞清楚你們每一類植物特別名稱的由來。」

・台灣的六千多種植物當中，屬於高等植物的四千多種植物都會開花。他們爲什麼要開出美麗的花？爲什麼要生出甜甜的蜜？爲什麼要有香噴噴的味道呢？是爲了讓你高興嗎？你錯了！是爲了傳宗接代。

「沒問題！」植物朋友們總是這麼大方。

開花植物最嬌豔

一群美麗的花朵兒花枝招展的站了出來，「我們是開花植物。」他們說。

我仔細看了看，有全身上下，只長一片修長葉子的台灣一葉蘭；有開著五瓣小巧粉紅花瓣的野牡丹；有花形修長像支喇叭的台灣百合，還有重重花瓣相互包裹、依靠的山茶等。

台灣一葉蘭說：「只要會在我們身體上開出漂亮花朵的，統統都可以稱爲開花植物。」

我點點頭，表示了解。而且我知道，長在我身上的植物朋友們，除了蕨類、藻類、地衣，和苔蘚之外，都

台灣百合

是會開花的高等植物。這些會開花的高等植物，算一算，共有四千多種呢！

「台灣爺爺，您知道我們為什麼要開出漂亮的花朵嗎？」野牡丹笑咪咪的問。

「我知道，是為了讓我這個老頭子看著漂亮的花高興；聞著香噴噴的花開心，對不對？」

「不對，不對！」

花兒的回答叫我訝異。

「我們會開出漂亮、有香味的花，為的是我們自己。」山茶一本正經的說。

「我知道，你們是為了傳宗接代。」貼伏在我身上的地衣輕聲說著。

「答對了！」台灣百合展開他潔白、有酒紅色細紋的長花瓣說道：「當我們在太陽下或月光下綻開美麗的花朵，散發誘人的香氣，分泌甜滋滋的花蜜時，便吸引了小螞蟻、小蜜蜂、小蝴蝶等昆蟲，探身進入我們的花房。」

白花朵上沾染點點粉紅的台灣杜鵑接著說：「在昆蟲們吸吮著花房裡甜甜的花蜜時，我們會趕快將雄蕊柱頭上的新郎花粉沾上他們的觸鬚、翅膀或腳上；等昆蟲到我們的雌花家吸食花蜜時，我們的新郎花粉就會落在新娘花蕊的柱頭上，而順利的結婚、生子。」

經他們這麼一說，我才恍然大悟！原來，植物朋友們開出美麗的香花，爲的並不是我呀！

孑遺植物年紀老

開花植物說完了，一陣蒼老的聲音跟著傳來：「說起來呀，我們孑遺植物的老祖先們，在地球上出現的年代，比台灣爺爺還要早呢！」

我循著蒼老的聲音望過去，果然看到了紅檜、台灣扁柏、松葉蕨、雙扇蕨、台灣蘇鐵、原始觀音座蓮等老朋友們，顫顫巍巍的走了出來。

「我們是在很久很久以前，台灣還跟中國大陸連在一起的時候，就已經被帶來台灣這塊土地上了。」一根根向上伸展的粗厚羽狀長葉，鋪展在粗莖頂端的台灣蘇鐵老氣橫秋的說。

台灣二葉松也驕傲的告訴我們：「在中國大陸的西南方或喜馬拉雅山上，都還可以找到我們孑遺植物的親戚呢！」

「算起來呀，我們這群孑遺植物活在這個世界上，至少有三千萬年以上的歷史囉！」孑遺植物們輕聲喟嘆

•孑遺植物的祖先們，在台灣島還沒有浮出海面以前，就已經生長在地球上了！這群植物承襲了祖先的特徵，努力適應不斷改變的環境，而能繼續生存在地球上，他們的生命力令人讚嘆！

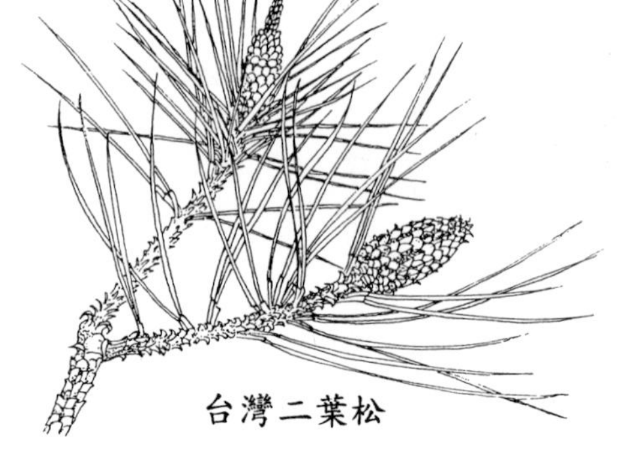
台灣二葉松

著。

「如果從我的祖先算起的話，我們蘇鐵家族存在這個世界上，也已經有兩億年的光景囉！」台灣蘇鐵輕輕表白。

「哇！我的天呀！」植物朋友們聽了，都發出了連串敬佩的讚嘆。

「可是，你們看起來一點兒也不顯老呀！」台灣一葉蘭說道。

「呵呵呵，眞的嗎？」孑遺植物們聽了，都開心的笑呵呵。

「眞的！是眞的！」所有的植物都回答得很篤定。

想到台灣杉、昆欄樹、台灣山毛櫸、台灣檫樹這些孑遺植物老朋友們，在大自然裡歷經氣候、土質等各項嚴酷的考驗，卻一代一代全都挺過來了，叫我忍不住對他們堅強的生命力肅然起敬。

高山植物住高山

「我們高山植物幾乎大多數都是孑遺植物。」有著扁平線形葉子的台灣冷杉告訴大家：「我們有的是孑遺植物，經歷過大自然嚴酷的考驗；也有的是已經能夠適應高山上強烈的山風、冰冷的積雪、乾旱的土壤，及鬆軟的土質，而選擇住在高山上。」高山芒輕搖他如穗的白花笑著說。

「高山植物？」習慣長在低矮水窪邊的姑婆芋，張開他那一大片的橢圓形綠葉問：「是長在高高的高山上的植物嗎？」

「沒錯，」台灣雲杉笑著說：「我們都是生長在海拔二千五百公尺以上的高山上的植物。」

「我的天啊！」有著扁平葉片的闊葉樹們一片驚嘆。

對那些一輩子沒上過高山的闊葉樹種來說，這眞是個值得欽佩的挑戰。

我忍不住插嘴說：「每年冬季，當冰雪封蓋山頂的時候，我望著山頂白皚皚的一片雪景，都很擔心被埋在雪底下的你們會捱不過去。總是要等到春天來臨，積雪融化，看到你們依舊冒出新芽，我才總算能鬆了口氣。」

「謝謝您的關心，台灣爺爺！」高山忍冬說：「爲了應付高山山頂上惡劣的天候，和貧瘠的土質環境，我們長在高山山峰上的植物多半體型比較低矮，而且沒辦法像低地植物一般，能自由自在的向四面八方盡情伸展

・高山植物顧名思義就是住在高山上的植物住民。他們是應付高山上寒冷的氣候、強烈的狂風、稀少的水源、貧瘠的土質的能手；爲了應付高山上惡劣的生長環境，他們發展出了各自的獨門絕活呢！

枝葉。」

我記得高山忍冬應付寒冬的方法，就是樹葉落盡，以光禿禿的枝幹過冬。也有許多高山草本植物會在冬天枯萎，將種子埋藏在我溫暖的身體裡，等春神來臨，才重新探頭。

「你們的長相好奇怪呦！」月桃指著玉山圓柏說：「有的枝葉統統偏向一邊；有的像螺旋槳一樣，扭來轉去的。」

「這些都是風伯伯的傑作！」玉山圓柏提到：「山上的風勢又強又久，我們生長在高山上的植物缺乏保護的屏障，只好順著風吹的方向生長。而如果風伯伯愛玩遊戲，一忽兒吹東、一忽兒吹西、一忽兒吹南、一忽兒吹北，我們就會被吹成轉來扭去的怪模怪樣了。」

「哦，原來是這樣子呀！」大夥兒頻頻點頭表示了

•高山上的風勢凌厲，風力像把剪刀般，將植物吹出不是自然生長的模樣，稱爲「風翦」。高山上的植物因風翦作用，而盤踞生長，稱爲矮盤灌叢。

玉山圓柏

解。

台灣鐵杉也提到：「為了能站得牢、站得穩，不被風吹倒，不被雪壓垮；也為了能向下吸吮足夠的水分和養分，我們高山植物的根都長得又長又堅固。」

「而且我們都長著小片小片、厚厚的葉子，以便行光合作用的時候，水分不會被蒸發、流失。」玉山杜鵑用鏗鏘的語調說著。

「是呀，這些高山植物就是這樣堅忍的適應著高山環境的考驗呀！」我一面佩服他們，一面也在心裡默默祝福他們能越長越順利。

多肉植物葉片厚

長在高山上的玉山杜鵑剛剛說完，有厚厚葉片的水

•多肉植物多半有粗厚而飽實的葉片，他們用厚厚的葉片儲存水分和養分，以免乾枯；他們多半生長在水源稀少、土壤貧瘠的地區。這些多肉植物只能在天空落雨時，盡量吸吮落在他們身上、身旁的雨水，並儲存於體內，以備不時之需。

芫花便站出來告訴大家：「看到沒，我們和高山植物一樣，也長著厚厚的葉片。不過，我們是長在平地的多肉植物。」

「水芫花生長在海邊的珊瑚礁岩上；而我，喜歡住在海邊的岩石上。我們的身邊都只有不能喝的鹹鹹海水，所以才需要有厚厚的葉片，以保存自己身上的水分。」安旱草說。

站在水芫花旁邊的林投，也晃動他修長而厚實的葉片說：「我喜歡海邊充滿細沙的地方，我生長的地方水源也不充足，所以我就長出又長又厚的葉片來保存水分，以免自己乾枯死掉。」

「對，對，你們的做法很對！」太陽在頭頂拍手稱讚：「長在沙漠裡的仙人掌也和你們一樣，用厚厚的粗莖儲存水分，好讓自己順利的生長。」

水莞花

我知道太陽去過的地方多，見識也豐富，他講的話應該錯不了。

鵝鑾鼻榕接著說：「由於我們生長的地方一向陽光充足，爲了減少水分被蒸發，我們多肉植物多半會在晚上，天氣不太熱的時候才打開氣孔，吸進空氣裡的二氧化碳；等白天太陽出來時，再讓儲存體內的二氧化碳和陽光作用，轉換爲葡萄糖，成爲我們生長的養分。」

「對，對，這樣做是對的！」玉山杜鵑學著太陽的說法，附和著說：「如果你們白天也張開你們的氣孔，身體裡面的水分很快會被太陽蒸發，你們就會枯死了。」

我實在佩服植物朋友們所發展出來的，適應環境的生存方法。

乳汁植物汁液豐

葉子硬硬的豬母乳似乎覺得自己厚厚的葉片，和多肉植物們有些兒像，便站出來告訴大家：「我和我的朋友身上有乳汁管，可以分泌乳汁，所以稱爲乳汁植物。」

五節芒好奇的問：「乳汁？是像乳牛一樣，會流出可以喝的牛乳的乳汁嗎？」

「我們乳汁植物分泌的乳汁有的可以食用；有的有其他用處。」小葉桑說。

「你們分泌的乳汁有什麼用處呢？」車前草好奇的問。

「我樹皮裡的乳汁可以用來製膠。」豬母乳說完，指了指身旁的愛玉說：「愛玉種皮的酵素，可以做成人

•乳汁植物的身上有乳汁管，會分泌特殊的乳汁。乳汁植物分泌的乳汁有的可以食用；有的有其他用處。我們所熟悉的夏季清涼飲品「愛玉」，便是乳汁植物家族的一員。

愛玉

類愛吃的愛玉凍！」

「眞的嗎？」

在大夥兒的驚訝聲中，愛玉笑著回答：「是眞的！」

愛玉告訴大家：「將我的種子在水裡用力的搓揉，種皮的酵素就會和水凝結成凍。這種愛玉凍軟軟QQ的，吃起來清涼解渴，是許多動物喜愛的夏季消暑食品。」

「我記得有一回，愛玉的種子掉落水中，被潺潺的流水不斷拍打後，那一塊水域竟然凝結成愛玉凍。一群晚歸的梅花鹿到水邊喝水，喝到愛玉凍，都開心的不斷砸嘴，大叫過癮呢！」長在岸邊的柳樹回憶著說。

大夥兒沒想到外表不甚起眼的愛玉，竟然有這等魅力，都忍不住再多看他兩眼。

有毒植物動物怕

「我們的身上也會分泌一些特別的物質。只不過，我們所分泌出來的物質，不太受動物們的歡迎。」咬人貓皺著葉片說。

「所以，你們給自己取了什麼名字呢？」豬母乳問。

「我們叫自己有毒植物。」姑婆芋展開自己大大的綠葉片回答。

「動物如果遇到你們，會怎麼樣呢？」杜鵑好奇的問。

咬人貓說：「我不喜歡被摸來動去的，所以，如果有動物要碰我的話，嘿嘿，我身上的刺毛就會刺著他，

- 有毒植物就是身上所分泌的物質，對其他生物來說具有威脅的植物。毒性比較強的，也許會威脅到其他生物的生命安全；毒性比較弱的，也會令其他生物在接觸他們之後感覺不舒服。

姑婆芋

並且把藏在刺裡頭的蟻酸刺進動物身體裡，叫他們又癢又痛，全身難過得不得了。」

軟枝黃蟬展開他嬌豔的黃花說：「我們也不喜歡被動物觸碰，所以我們的身上也分泌了一些毒素。不過，只要動物不吃我們，不舔觸碰我們身上，就不會感到難過了。」

「我和軟枝黃蟬一樣，身上也具有毒素。我的毒素也和軟枝黃蟬一樣，動物如果只是不小心觸碰到我，而沒有咬我、舔我，就不會中毒。」夾竹桃說。

「我們跟咬人貓和軟枝黃蟬不一樣，我們可以忍受動物的撫摸，」商陸、姑婆芋、台灣馬醉木說：「動物如果只是碰碰我們，我們不會讓他們不舒服；可是，動物們如果要吃我們的話，那可就吃不了兜著走了！」

「會怎麼樣呢？」其他的植物們都很好奇。

輕的會頭暈腦脹不舒服；厲害的會上吐下瀉，甚至死翹翹。」

「哇，好可怕呦！」害羞的含羞草悄聲說著。

有刺植物刺多多

「我們之間有些也不喜歡動物，可是，我們拒絕動物的方法比有毒植物溫和一些。我們只是長著刺，讓他們在觸碰我們的身體時，會有疼痛的感覺。」黃藤斯文的說。

「所以，你們是有刺植物？」台灣一葉蘭問。

「對！只要看到身上長著刺的，統統都可以稱爲有刺植物。」薔薇說。

黃藤告訴我：「我們有刺植物的刺，長相其實並不

• **有刺植物就是身上長著許多刺的植物。他們有的刺長在葉子上；有的刺長在枝幹上；也有的刺卻是果實的變狀體。而刺的作用也各不相同，有的是會讓其他生物望而生畏的硬刺；有的是藉以黏附其他生物以傳種的軟刺。**

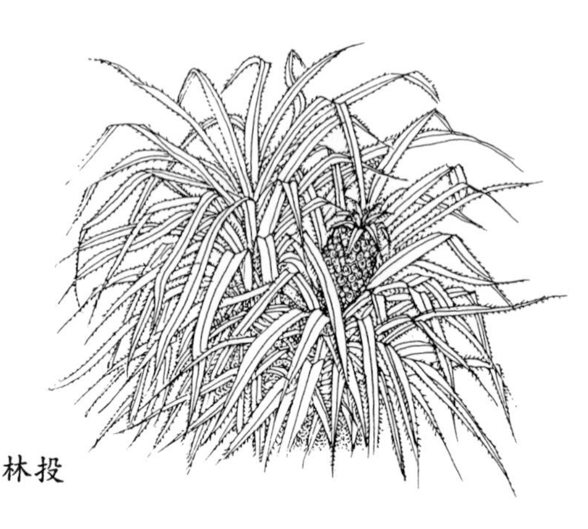
林投

完全相同，像我和薔薇長著倒鉤刺。」

黃藤的話還沒說完，板栗便接著說：「我長著一整叢的刺。」

「我的是錐狀刺。」裡白楤木說。

「我們的刺是鋸齒狀刺。」冬青和林投一起說。

「我是分枝刺。」皂莢指著自己身上的刺說。

我瞧見皂莢的刺是枝條變化而成的。

山茶發散著淡淡的清香，好奇的問：「所以，只要是你們有刺植物的成員，就是會讓動物頭痛的植物囉？」

「不是，不是，」咸豐草趕緊澄清：「長硬刺的有刺植物，的確會因爲一身的硬刺，而不受動物歡迎。至於我們身上長著軟刺的有刺植物，卻都把動物當成我們的好朋友呢！」

「唷？」鳳仙花不太了解咸豐草的意思。

咸豐草笑著回答：「像我將我的果實變體成針狀，就可以黏附在動物朋友的身上，請他們將我的後代傳播到遠方，而增加了後代存活的機會。」

「還有我，還有我，」仙人掌急急說道：「我們是爲了減少水分的流失，才將一身的葉片都化身爲針狀。」

聽了仙人掌的說明，大夥兒想起太陽剛剛對「多肉植物」們說的話，「哦！」的一聲都笑了。

食蟲植物會吃蟲

「我們很喜歡動物，尤其是小昆蟲；可是，我相信，沒有任何一隻小昆蟲會喜歡我們！」金錢草搖晃著

• 食蟲植物因爲多半生長在貧瘠的地區，土壤中的養分不夠充足，無法滿足成長所需，便演化成以小昆蟲的體液來補充養分的生活方式，這種以動物補充營養的生存方式，在植物界可說非常獨特。

他那像金錢般的葉片告訴大家。

「哈哈哈！」看過金錢草吃蟲的植物們都笑了。

「咦，你們在笑什麼？」不明所以的植物則一頭霧水。

「看到我這個造型像錢幣的葉片了嗎？」金錢草指了指自己用來吃小昆蟲的葉片說：「小昆蟲只要踏上我的葉子，就會成爲我的食物。」

「小昆蟲難道不知道你會吃他們？」愛玉似乎有一些兒不忍心。

車前草也好奇的問：「難道，你有吸引小昆蟲的魔法嗎？」

毛氈苔展開他充滿腺毛的葉片告訴大家：「我們食蟲植物會分泌吸引小昆蟲的蜜汁。只要小昆蟲聞香而來，踏進我們的身體，就會成爲我們的食物了。」

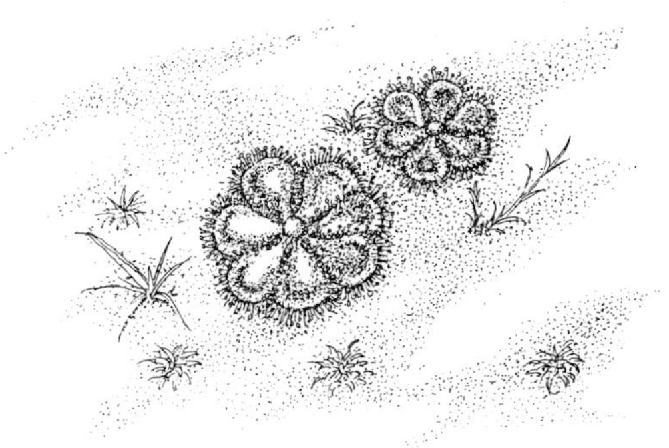

毛氈苔

「可是，你們怎樣吃小昆蟲呢？」沒看過的植物很好奇。

「我們會分泌溶液融化小昆蟲，等小昆蟲被融化成一汪汁液時，就可以被我們的身體吸收了。」金錢草說明。

我沒有想到，原來，有些植物並不一定得仰賴我身上的土壤作爲他們成長的養分。

我忍不住好奇的說：「你們和其他植物最不相同的地方就是，你們似乎並沒有那麼依賴我身上的土壤作爲成長的主要養分。」

「台灣爺爺，我們還是很需要您土壤裡的養分，只可惜，我們居住的地方太貧瘠了，只好依賴小昆蟲們的體液，補充我們需要的氮肥。」毛氈苔補充說明。

知道在貧瘠地方生長的植物，也能用自己的方式攝取養分，我倒是放心了不少。

著生植物選擇多

「親愛的台灣爺爺，我們著生植物的生長也並不是直接依靠您的土壤提供養分喲！」連珠蕨告訴我。

「唷，我想起來了，」我告訴喜歡攀在高高的大樹幹上生長的連珠蕨：「你們會靠在樹幹上生長，對不對？」連珠蕨在樹幹上展開綠色的長葉，迎著陽光開心的模樣，讓我印象深刻。

「對呀！」連珠蕨告訴我：「我經常生長在樹梢上，因爲樹梢很高，比較容易曬到太陽，我因此可以吸收到比較多的陽光，好進行光合作用。」

也是著生植物的蔓苔接著說：「我們雖然也是著生

•著生植物和一般植物最大的不同，是他們多半不依賴土壤生長。他們有的生長在喬木高挺的枝幹上頭，讓小小的身形可以占據高處，以方便攝取足夠的陽光；有的則貼伏在岩石上頭，群聚而生。

植物，可是，我們愛在堅硬的岩石上生長，而不習慣樹幹。」

對了，我記起了常常在陰濕的岩石上，看到這些矮矮的苔類植物。

「我們還喜歡擠在一起生活；我們大家跟同伴們一堆堆聚集在一起，比較不會寂寞，也比較不會無聊。」槐苔接口說。

「你們不只是生活在一起吧，你們如果被動物，或被風雨推擠得離開岩石時，也是一塊兒離開岩石吧！」經常是苔類植物鄰居的石葦說。

「對呀，因爲我們都是好朋友嘛！」羽苔笑開了。

「可是，岩石或者樹幹會歡迎你們住在他們身上嗎？」花穗白茫茫的甜根子草好奇的問。

「我們只是喜歡靠著樹幹或者岩塊生長，我們不會

• 寄生植物沒有葉綠素，無法行光合作用，不能自己製造養分，只能寄生在寄主植物的身上，依賴寄主植物身上的養分成長。如果沒有寄主植物提供的養分，寄生植物只有死路一條。

吸取他們的養分，而造成他們營養不良或死亡，所以，岩石或樹幹並不討厭我們。」鳳尾苔趕緊澄淸。

寄生植物宿寄主

「著生植物朋友剛剛說的，會造成其他植物朋友營養不良的植物，就是我們寄生植物啦！」菟絲子掙扎著想站起來，可是他的軀體太柔軟了，所以，未能如願。

看到菟絲子那一叢金絲般的柔弱體軀，依附在一叢叢綠樹身上，我心中有了一個疑問。

「你爲什麼長得跟其他植物這麼不一樣？」我問。

菟絲子嬌弱的問：「您的意思是問我，爲什麼我沒有綠色的身體；爲什麼我長得這麼柔弱，站不起來，是嗎？」

菟絲子

我點點頭，心裡很爲他的嬌弱擔心，擔心他沒辦法好好照顧自己，讓自己順順利利的活下去。

「因爲我不需要自己行光合作用，所以體內沒有葉綠素；而我之所以長得這麼嬌弱，是爲了可以方便攀附在其他的植物身上。」菟絲子說道。

「你的意思是，你攀附上誰，誰就得照顧你嗎？」榕樹捻了捻他的氣根鬍鬚問。

「是呀！」菟絲子說：「其實呀，不管他同不同意，只要我選定他了，他就必須照顧我，負責讓我活下去。」

「如果他不同意呢？」台灣天仙果打著哆嗦問。

「他沒辦法脫離我們的！我們的根會牢牢吸附在他的身上，從他的身上吸取養分。」列當一副理所當然的神態。

•藤本植物最厲害的功夫，就是具有能夠一路向前、向上攀爬的能耐。爲了拓展自己的生存空間，藤本植物們將自己的莖、葉演化成蔓藤狀，而成就了這招獨門絕活。

現在，連我也打哆嗦了。

我望了望其他的植物朋友，發現大家都趕緊離菟絲子和列當遠遠的。

藤本植物會攀爬

當我還在想著，菟絲子這套奇怪的生存哲學時，牽牛花已經和一些跟他一樣，會用身上的蔓藤到處行走的植物朋友，站到了我的面前。

「台灣爺爺，我們藤本植物和寄生植物一樣，也有一身柔軟的身軀；不過，我們藤本植物靠在其他植物身上的時候，只是借靠著，不會吸取他們的養分，造成他們的困擾。」牽牛花輕聲說著。

「唷？」我很高興聽到這段開場白，因此鼓勵他繼

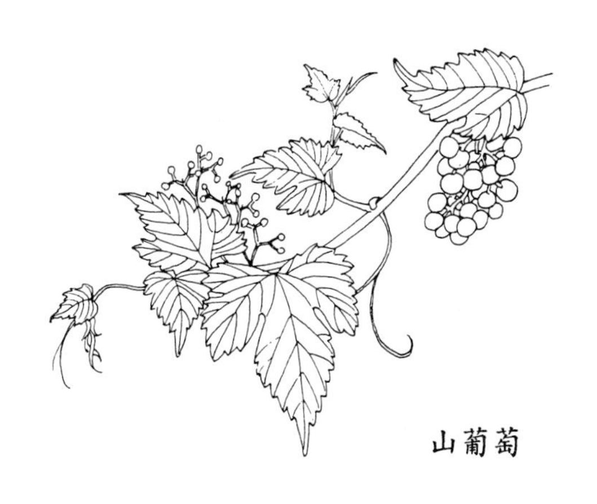

山葡萄

續往下說。

「我們藤本植物最大的特點，就是有一身柔軟、可以到處攀附的蔓藤。」又名爬牆虎的地錦展示他柔軟的身軀說著。

「我們身上的蔓藤，多半是莖長成的。」地錦伸出他的細藤，讓我瞧瞧他吸附牆壁的特異工具——吸盤。

「我們是用捲鬚捲住植物而向前或向上攀爬。」虎葛和山葡萄說。

「我們的氣生根是我們可以到處攀爬的工具。」薜荔和抽葉藤說。

「我們用我們特殊的捲旋莖纏繞前進。」金銀花和牽牛花笑說。

我笑了：「沒想到你們的莖都這麼厲害！」

「台灣爺爺，我們藤本植物的藤，不是只有莖一種

而已。也有像我這樣，是由葉柄變化成的。」串鼻龍伸出他長長的葉柄說。

我看到了串鼻龍長長的葉柄既可以扭曲，也可以迴旋，和其他藤本植物的魔法沒什麼兩樣。

「還有，還有我，」是海金沙。他告訴大家：「我的葉子可以不斷延長，還可以分枝，所以被稱爲葉子最長的植物。」

海金沙展示了他那一叢樹葉告訴我們：「這些只不過是我的一片葉子而已喲！」

「哇！」我聽到了一片嘖嘖稱奇的讚嘆。

腐生植物用廢物

「我們腐生植物和大家最不一樣的地方，就是將各位覺得沒有什麼用處的落葉、毀壞的樹枝或樹根，當成我們營養的寶庫。」一身晶瑩剔透的水晶蘭輕輕說著。

「眞的嗎？我們毀壞的身軀居然是你們成長的養分！」植物朋友們個個露出無法置信的表情。

我也對這個一身晶瑩的水晶蘭，居然是從腐物中成長出來的，感到好奇。

「我們會分泌一種酵素，分解從各位身上掉落土壤的身軀，再將分解後的養分吸收成我們成長的營養。」水晶蘭並沒有因爲大家的震驚而退縮。

水晶蘭勇敢的面對大家的質疑，讓我對他不由得刮目相看。

台灣葛藤點了點頭說：「你的生長方式，跟我們這些直接從台灣爺爺的土壤身上吸取養分的方式，眞的很不一樣。」

・腐生植物，望文生意，就是以腐壞的物質當做成長的養分的植物。他們的養分主要來自於其他植物腐壞的軀體。爲了能尋覓較多的腐植質，以有利生長，腐生植物多半生長在濃密的森林裡。

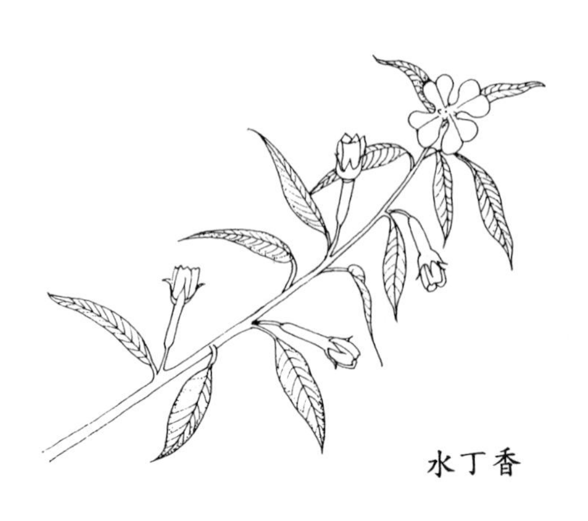
水丁香

說的也是，想到一身清逸的水晶蘭，居然不是由自己土壤中的養分滋養出來的，我就忍不住洩氣。

水晶蘭沒有多做解釋，他告訴大家：「為了要能找到足夠的腐爛植物，補充我們生長時所需要的養分，我們多半生長在樹叢濃密、環境陰濕的原始森林裡。」

「那當然，那當然，原始森林裡的落葉又多又密，當然比較適合你的生長！」同樣喜歡陰濕環境的伏石蕨似乎感同身受。

濕生植物喜濕地

李氏禾、水丁香也站出來了，他們一起說：「我們濕生植物也喜歡濕涤涤的地方。」

「而且，最好水分充沛。」長梗滿天星補充說道。

•濕生植物們喜歡在水分充足的濕地、泥淖中生長。因此，水量豐沛的水塘邊、沼澤地、湖邊，都是他們生長、活躍的舞台。如果生存的環境缺水、濕度不夠，濕生植物就會乾枯而死。

「哈哈，看你們爲自己取的濕生植物名稱，就可以知道你們的特性了。」薔薇笑著說。

即使不聽他們爲自己取的名字，只要看他們根系下攜帶的那一汪水，也會了解他們是愛水族的植物。

長梗滿天星發現了我注意到他腳下的水窪，嘻嘻笑著說：「要不帶著這些足夠的水，我們濕生植物很快就會乾死了。」

在頭頂上的太陽聽了，趕緊招來一片濃雲，太陽說：「來，來，快來擋一擋我的陽光。我和台灣老弟正聽得興頭上，可不要讓這些濕生植物被我的陽光給烤乾了。」

正當一片烏雲急急飄過來時，畦畔莎草說話了：「其實，我們濕生植物只是需要的水分比一般植物多一些；可是，我們也還是需要陽光的溫暖，這點倒是和腐生植物們不太一樣。」

「你們又喜歡濕淥淥的地方，又要有溫暖的陽光，可見你們很挑剔呦！」頂著小小黃花的蟛蜞菊委婉的數落。

水龍趕緊澄清：「不挑剔，我們並不挑剔！像水分充沛的水塘邊啦；軟軟的爛泥巴地啦，都是我們濕生植物喜歡的地方。」

水芹菜也說：「我最喜歡生長在水塘邊的爛泥巴地上，那兒的爛泥巴地濕濕軟軟的，而且讓我有足夠的水可以喝，最舒服了！」

「哈哈哈哈！」植物朋友們都被水芹菜可愛的模樣給逗笑了。

水生植物水汪汪

「如果要說起對水的需要，我們水生植物比濕生植物是有過之而無不及。」浮萍、滿江紅這些生長在水池裡的植物們說話了。

我發現，這些水生植物的身上可不只帶著小小的一汪水；而是好大、好多的一灘水呢！

「我們水生植物顧名思義，就是靠水生長的植物。」水蕨說：「所以，看到我們水生植物的時候，一定也會看到很多水。」

「你們的水眞的很多，要是我的家有那麼多水，我一定被淹死了！」咸豐草笑著說。

木麻黃似乎發現了什麼，他好奇的問：「我看你們水生植物在水裡的生活方式，好像並不一樣嘛！」

• 水生植物的需水量比濕生植物多得多，他們喜歡在水源充沛的水塘裡生活。雖然同樣是水生植物，但是他們生長的方式卻各不相同：有的挺立、有的沈潛、有的漂浮水面。

「沒錯！」聚藻告訴大家：「雖然我們水生植物都喜歡很多水，不過，我們在水裡生長的方式並不完全相同。」

浮萍、滿江紅說道：「我們喜歡漂浮在水面上生長，所以，在池塘裡看到的一片片浮葉，就是我們。」

金魚藻提到：「我和聚藻喜歡把全身都埋在水裡面，如果各位想把我們瞧個仔細，得把身體探進水裡才行。」

「至於我們蓮花嘛，則會把我們翠綠的葉片，和嬌豔的花朵開在水面上，讓大家方便欣賞。」一身翠綠，盛開著粉紅色花朵的蓮花親切的說著。

空氣中，盪漾著蓮花輕柔的語氣和淡淡的花香，叫我陶醉！

河口植物住河口

「我們生長的地方嘛，應該是各位都會大叫受不了的地方。」

我對這位賣著關子，不直接說出自己種類名稱的植物朋友很好奇。循聲望去，才發現是一群紅樹林。

紅樹林又說了：「我們一向只生長在淡淡的河水，和鹹鹹的海水交會處。」

「哇，那樣的地方怎麼生活嘛！」

「你們難道不怕被海水鹹死嗎？」其他植物朋友們都很好奇，紛紛提出了他們的疑惑。

「這就是我們特殊的生存本事囉！」五梨跤驕傲的展現自己厚實的身材，看起來很有些兒得意。

大家卻也並不反感，頻頻點頭稱是。

• 河口植物就是生長在河、海交界處的植物，爲了適應河水與海水交接處的多鹽分沼澤，河口植物發展出了：能排除身上多餘鹽分的鹽腺，以及讓種子在母株上發芽、成熟後，再掉落泥地的胎生法等特質。

水筆仔

其實，也難怪紅樹林會得意。想想看，在河口生長是多麼辛苦的事呀！

太陽就說：「紅樹林眞的是很了不起的植物，他們既要適應河口地區多量的腐植質；又要適應入海口海水的高鹹度。我整天到處跑，只看到熱帶和亞熱帶的河口有紅樹林生長。」

地錦好奇的問：「你們是怎麼辦到的？」

海茄苳回答說：「我們身上的鹽腺，是一種特殊的過濾系統，可以濾掉不適合我們生長的鹽分，所以不會被海水鹹死。」

水筆仔的小寶貝跟著說：「我們的媽媽爲了保護我們，總讓我們在媽媽的身上發芽、長大。一直等到我們強壯到可以自己生活了，才會讓我們掉落河口的沼澤地，長成紅樹林。」

大家都看到了水筆仔幼苗像支筆一樣，掛在水筆仔媽媽身上的模樣。果然和其他植物朋友總是當孩子還是種子時，就將孩子趕離身邊不太一樣。

「所以，我們稱自己爲河口植物。」紅樹林植物們一起說。

海濱植物在海邊

水芫花和安旱草相偕走了出來：「我們海濱植物生長的環境和海也有密切的關係。只不過，我們沒有和海直接接觸，而是遙望著浩瀚的大海生長。」

海濱植物們的自我介紹，立刻引起大夥兒的興趣，大家紛紛將眼光轉向他們，想聽聽他們的說法。

「各位不要以爲，生長在海邊的我們，會有很豐富

•海濱植物是生長在海邊岩岸和沙灘植物們的總稱。岩岸植物、沙岸植物和熱帶海岸林植物，長得各不相同：岩岸植物多半體軀嬌小，沙岸植物有大有小，熱帶海岸林則有高大的樹木；而他們的生活方式也有許多差異。

的水源。」花形很像牽牛花的馬鞍藤說著。

雖然其他的植物們都搔著頭，搞不懂馬鞍藤的話。我卻非常了解這些傍海生長的植物朋友們的苦楚。不過，我沒有插嘴，我想讓他們自己說。

濱豇豆告訴大家：「我們這些在台灣爺爺身上成長的海濱植物大約有三類：一類是岩岸植物；一類是沙岸植物；還有一類叫做熱帶海岸林植物。」

鵝鑾鼻榕告訴大家：「水芫花、安旱草和我是海濱植物最前哨的岩岸植物，我們習慣在珊瑚礁上生長。」

「珊瑚礁？沒有土，又留不住水的地方？」許多植物發出不可置信的聲調。

水芫花們點點頭說：「所以，我們都有厚厚的葉片可以儲藏水分。」

「對了，剛剛你們也提到自己是多肉植物。」牽牛花回憶著說。

水芫花們點點頭。

濱豇豆、過江藤接著說：「我們沙岸植物習慣生長在海灘的細沙上。爲了應付強勁的海風，我們練就了匍匐生長、節節生根、莖葉肥厚、藏根隱莖和深根等特性。」

聽了他們的說明，大家都仔細瞧了瞧沙岸植物身上，一節一節長著細根的體軀。

棋盤腳樹、欖樹、銀葉樹也告訴我們：「我們熱帶海岸林集中在屏東恆春半島的香蕉灣一帶，我們有可以漂洋過海的果實或種子，能在海潮中漂浮，而將後代傳送到遙遠的異鄉。」

我想到了這些來自異鄉的植物朋友，總在海水將他們送上我的身軀時，放心的吐了一口氣說：「終於上岸了，終於可以在土地上生長了。」

我的心裡浮起了一陣暖意。

歸化植物異鄉來

含羞草羞答答的說話了：「我也是來自於異鄉的植物。」他說著說著臉就紅了。

含羞草停頓了一會兒，發現大家都耐心的等他說下去，只好硬著頭皮繼續說：「當初，我被帶入台灣這塊土地時，心裡實在又擔心、又害怕。後來，發現台灣爺爺身上的氣候、土壤、空氣都很適合我的生長，所以就這麼落戶生根，成爲台灣爺爺身上的一種植物了。」

我記起了含羞草初來時也是這麼羞答答的模樣，一發現不對，就趕緊闔閉葉片，整株草低垂靠地。

•歸化植物原本不是台灣的植物住民，而是經由人類的活動而帶入台灣的植物。當他們移民台灣後，因爲能適應台灣的土壤、氣候等特性，而安全的生存下來，並順利的繁殖後代。

含羞草

沒想到這麼多年來，他的子子孫孫依然沒有大方起來。

不過，我也想起了有更多更多讓人類、讓鳥類，或讓海潮帶來的異鄉植物朋友們，因為不適應我身上的生長環境，而死在我身上的情形，忍不住心中一陣欷吁。

馬纓丹、西番蓮也告訴大家：「我們歸化植物初來乍到時，多半只能選擇大家比較不喜歡的貧瘠地生長，所以多半具有先鋒植物的特性，像喜歡陽光啦、耐乾旱啦、生長快速啦等。所以，在一般的荒郊野地比較容易看到我們。」

我了解這些歸化植物，他們也是非常強悍的。

為了爭取生長機會，他們會搶奪我身上的生活資源和空間，他們因此而趕走了許多植物朋友。而這些被趕走的植物朋友們，有些還是台灣特有，在我身上生長了許久的植物朋友們呢！

尤其是，這些歸化植物的花蜜是小昆蟲們喜愛的蜜源。只要有歸化植物生長的地方，小昆蟲們幾幾乎都只去探訪歸化植物的花房，幫他們傳粉。

不過，我也知道，每一種植物要在我的身上成長，其實都需要辛苦的奮鬥。因此，對於歸化植物們的強悍，我也不忍苛責，只能祈求植物朋友們大家自求多福！

倒是聽了大家的解說，我總算可以大致知道我這些植物朋友們，生長在某個地方的原因，以及他們所具有的特別能力了。

人類來到了我的身上

植物進駐台灣島之後，動物、昆蟲等生物，也陸陸續續踏上了植物資源豐富的台灣。而當人類也一波波踏上台灣這塊漂亮的土地以後，台灣島便開始有了很大的轉變……。

在植物朋友與我相依相屬，和樂融融相處的期間，我美麗的繽紛新衣裳間，也陸陸續續來了許多會動的生命。

白天，太陽暖烘烘照臨大地的時候，小螞蟻、小蚱蜢、小蜜蜂、小蝴蝶、小蜻蜓和小鹿、小羊、大熊等，忙忙碌碌的穿梭在花朵和草叢間吃食、嬉戲。

晚上，月娘娘爲我鋪上柔美的銀白外衣後，螢火蟲、獨角仙、鍬形蟲和小老鼠、夜鴞便醒著亮晃晃的眼珠子，開始活動。

每天，每天，我的耳朵裡除了早已熟悉的風聲、雨聲和海潮聲之外，風和葉子的沙沙對話；雨和花的嘩啦啦對談，還有唧唧唧的蟲鳴；啁啾吱喳的鳥叫；熊虎威武的大吼……，都叫我又陶醉、又滿足。

經過了好久好久，有一種叫做人類的動物也來到了我的身上。

相較於其他的動物，人類算是比較霸道的一種動物。

他們不但會吃我身上的植物和動物朋友；也會用尖利的刀斧砍殺我身上的植物和動物朋友。

眼看著刀斧砍在我的植物朋友身上時，綠色朋友痛苦的哀鳴，和遍地破碎的植物屍身，總讓我心疼不已。

可是，我能夠怎麼樣呢？

我什麼也不能做，只能眼睜睜的望著身上如錦緞般的植物衣裳，被人類砍伐後，變成人類的屋子；變成他們的家具；變成他們牛車的輪子；或者變成他們的圍籬……。

日復一日，在我身上活動的人類越來越多了，我的植物朋友們的日子，也就越來越難過了！

望著這些在我身上寄生，卻予取予求，完全沒有顧念其他生物感受的人類，我的心中充滿了無奈的痛苦。

開始有人關心我身上的植物朋友

這一天，金髮碧眼的英國人福頓，搭著船來到了我身體的北邊，人們稱爲淡水的地方。他似乎很關心我身上的植物朋友，他對待植物朋友的方式，和其他的人類很不一樣。

「咦，這個人在做什麼？」我自問著，同時目不轉睛的看著他。

那個金髮碧眼的福頓，優閒的走在我的植物朋友間，一面低頭仔細的瞧；一面將他所看到的植物朋友，用筆記在他手捧的本子上。偶爾，他也會小心的摘下我

• 英國人福頓是歷史記錄中，第一位來台灣研究台灣植物的外國人。

一、兩個植物朋友，放進他的袋子裡。

按照人類的說法，那是西元一八五四年所發生的事情。

我隱隱約約覺得，他不是要害我的植物朋友們，而是想要認識他們，想跟他們做朋友。

我的心裡有些兒安慰，「原來，人類不是只有會傷害植物朋友的，也有一些人，對植物朋友也是很溫柔的。」

我的心裡對人類的反感稍稍減弱了些。

三年以後，又有兩個金髮碧眼的英國人來到我的身上，研究我身上的植物朋友。我聽到他們互相稱呼彼此爲「威勒佛」和「史溫侯」。

他們搭著船，來到我西南邊的高雄。爾後，經過高雄邊上的小琉球和鵝鑾鼻轉向東走，到了我東北部的蘇澳，然後再航行到基隆和淡水。沿途，他們蒐集了許多我身上靠海邊的植物朋友身上的花、葉，或種子。

後來，史溫侯又來了好幾次，每次都在我的身上認眞的研究我的綠色朋友。

聽說，史溫侯回到他居住的英國以後，便將他所認識的台灣植物製作成目錄，讓那些沒有到過我身上，卻對我這個「美麗之島」感到好奇的人類，也可以觀賞和研究我身上的植物朋友。

也許是受了這幾個金髮碧眼的英國人的影響吧！此後，陸陸續續又有些英國人、美國人、俄國人、德國人、日本人來到我的身上，研究我身上的綠色朋友。

我經常看到、聽到他們讚嘆的說：「哇，這個漂亮的小島上，居然有這麼多、這麼多的植物！」

或者是：「咦，這種植物長得好奇怪，我從來沒有見過！」

也有的時候是：「台灣這個小島眞是太神奇了，居然可以長出這麼多種不同的植物！」

看著他們一路或低頭研究低矮的草本、灌木；或抬頭研究高壯的喬木；甚或爬上高高的喬木樹上去丈量、採集。一路聽著他們對我身上的植物朋友們的讚揚，我的心裡眞是驕傲極了。

唯一讓我有一些兒不舒服和心疼的地方是，他們爲了研究我的植物朋友，經常會摘下一些他們想研究的植物朋友，或植物朋友的部分器官，並且把摘下來的植物朋友們帶回他們的國家。

算起來，從西元一八五四年到一八九五年這四十一年間，這些搭船來的人類，已經在我的身上帶走了兩千多種植物朋友身上的器官了。

・馬關條約之後，台灣成了日本殖民地。日本人以統治者的姿態治理台灣期間，有許多日本自然學者來台灣從事各項自然研究；其中，研究植物的植物學者，也認眞的蒐集台灣的植物資源，並分門別類，做成報告。

來了黑髮的日本人

到了人類記錄的西元一八九六年，一群來自位於我北方的小島，一個叫做日本的地方的黑髮黃種人，帶著刀、端著槍來到了我的身上。

我聽到原本住在我身上的人類說他們是「日本人」。

這些日本人的身材雖然比原本居住在我身上的台灣人矮小，卻用刀槍把原本居住在我身上，他們稱爲台灣人的人類，管理得服服帖帖的。

日本人爲了能夠有效的利用我身上的東西，派了許多自然學者，到我的身上進行研究。

他們有的研究會在我身上跑來跑去的動物；有的研

究會飛來飛去、跳來跳去的小昆蟲；有的研究我身上的皮膚狀況，這個部分，他們稱爲地形與地質研究；也有的研究我親愛的植物朋友。

日本人進入我身體的那一年，就有牧野富太郎、大渡忠太郎、內山富次郎三個人，在我身上的北邊採集植物朋友。

同時，田代安定也在我的身上比較平坦的地區，和緊靠著我邊上的澎湖島上採集植物。

就這樣，依序有許多日本人在我的身上採摘、研究我的綠色朋友。

他們總是一面採摘、一面記錄。然後，隔一段時間後，便帶著從我身上採摘下來的植物朋友，搭船回到日本。

日本人在我的身上待了七個寒暑以後，又來了一位研究植物的日本人，他的名字叫做早田文藏。

早田文藏很認眞的研究著我身上的植物朋友。他將自己和其他人所探訪的植物朋友整理成兩本書，分別叫做《台灣植物誌》和《台灣高山植物誌》。

早田文藏還製作了《台灣植物圖譜》十大卷，用寫、用畫的；用人類的文字和圖像，告訴人們我身上的三千六百五十八種植物朋友。

聽說，他的這項成績，不僅僅是日本人很稱讚；就是其他國家研究植物的人，也都對他非常佩服呢！

早田文藏以後，又有許多日本人來到了我的身上研究我的植物朋友。

像編撰《台灣植物名錄》的川上瀧彌；像調查台灣重要農作物的島田彌市；還有專門在高山上，探查高山植物，並發表《台灣植物名彙》的佐佐木舜一；對熱帶有用植物情有獨鍾，專門研究台灣植物解剖學的金平亮三；細述台灣植物研究史的山本由松；終生研究唇型科植物的工藤祐舜；在日本人創辦的台北帝國大學，教學生研究植物的正宗嚴敬等。

每每看到這些人走在田野，走進山裡，細細的觀賞我的植物朋友，我都好開心，好快樂！

可是，對於其他更多的日本人，我卻很頭痛。因爲，日本自然學者研究我身上的植物的同時；日本的開發者，也正利用刀斧，大量砍伐著我的植物朋友。

日本人大量砍伐我的植物朋友

日本開發者的砍伐數量很大，已經不祇是自己造

•日本人在台灣殖民期間，將台灣植物資源當做以經濟稱霸世界的寶礦，他們努力砍伐樹木、努力輸出原木和各種經濟作物，他們對台灣植物的多項作爲，讓台灣的植物經歷了第一場浩劫。

屋、築籬、鋪路、做器具而已；他們還把砍下來的植物朋友，用船運離開我的身上，送到位於北邊、他們來的日本去使用，或賣給別國的人類來賺錢。

自從日本人知道，我的身上長了許多可以提煉樟腦油的樟樹之後，便開始認眞清數我身上樟樹的棵數。

他們打算一搞清楚以後，就有計畫的砍伐，他們一廂情願的計畫從我身上的樟樹上頭，賺很多很多其他地方人類的錢。

經過了六年的時間，日本人總算將這些集中生長在山坡中、下段，以及險峻的河谷之間的樟樹數目給清查完畢。

你知道，日本人總共在我的身上算出了多少棵樟樹嗎？

超過一百八十萬棵！

樟樹

這些超過一百八十萬棵的樟樹，可以讓日本人砍伐二、三十年；做出一億五百萬斤的樟腦油！日本人得意的想：「嘿嘿，我們可以把台灣變成這個世紀，全球最大的樟腦油輸出國了！」

當斧頭、鋸子開始執行日本人稱霸世界的夢想時，我也就開始日日聆聽樟樹悽苦的悲歌！

可憐的樟樹，他們嗚咽的，不祇是他們自己悲慘的命運；他們並且替生長在他們身上的寄生、著生，和攀藤植物等朋友們傷心和痛哭！

因爲，每當有一棵樟樹倒下時，死的不祇是單單那一棵被砍倒的樟樹而已；所有寄生、著生，和攀附在他樹身上的植物朋友，也都會在樟樹的身軀倒地之後，相繼死去！

我曾經在日本人的斧頭砍下一棵老樟樹朋友時，趕

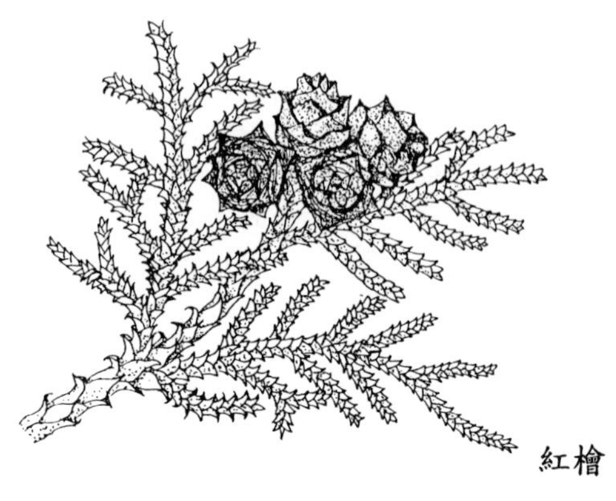
紅檜

緊算算。

哇！那顆壯實的大樟樹身上，居然同時有三十多種其他的植物朋友一起生長呢！

日本人在各個山區大量砍伐樟樹，製做樟腦油之後，又發現了生長在高山中段，身形挺直威武，身體結實的紅檜和扁柏材質非常厚實，很適合做他們的房子、家具，或彫刻藝品，便決定要大量砍伐。

我聽到日本人在我的身上商量著，要如何砍伐紅檜和扁柏時，心裡便暗暗的偷笑：「哼！紅檜和扁柏都生長在高高的高山中段，你們日本人這麼小、這麼小，怎麼有能力把我身上這些巨大的植物朋友們，帶出我身上的重重山林！」

日本人也算有自知之明，他們知道自己沒辦法扛著巨大的紅檜和台灣扁柏走出山林，他們決定用山上的溪流，將巨木運出深山。

我看著日本人將砍下來的樹木推到山谷裡、推到河裡，聽到他們天真的說：「來，台灣的身上有很多高高低低的河流，我們將樹木推進河裡，讓河水替我們把樹木送下山去。」時，心裡忍不住偷笑。

然後，我看見許多被推下山谷、被推下河流裡的樹身，在山谷和河流高高低低的高度落差中，一再的斷裂、折損。

等樹木到了平地，一堆堆坑坑疤疤的爛材展現在日本人的面前時，我看到了一張張難看的綠臉。

我好開心，以爲從此可以天下太平了。

可是，我錯了！

日本人開始從生長紅檜和台灣扁柏的，他們稱爲阿里山、八仙山，和太平山的山腳下砍樹、砍草，架設鐵軌，修築鐵路。

當鐵路長長的軌道，在我的身上一路攀爬上山，我短暫的得意破碎了！

我望著人類小小的身軀，一一將身形巨大的紅檜和台灣扁柏扛上火車時，只能在濕潤的眼眸間，心碎的目送一批批被去頭砍腳的樹身，隨著火車「嗚—嗚—嗚—」的笛聲，離開他們生長的家鄉！

當日本人發現，我身上的西南部地方，很適合生長汁液甘甜的甘蔗，讓他們可以用甘蔗製糖以後，我的天呀！他們便將許多地方的植物朋友們砍掉，將空出來的地統統種甘蔗，好收成大量的甘蔗，製做出大量的糖，運回日本。

於是，不僅僅是山道上的火車鎮日嗚嗚作響；連平地上的火車，也日日爲著運送甘蔗、糖粒、稻作等各項他們可以食用，或賣了賺錢的農作物而忙碌著。

唉，這樣的事情好多、好多，多得我的心情一天天的低落。

我氣自己沒有辦法保護自己身上的植物朋友；我氣人類這麼胡作非爲，完全不管其他生物的感受；我也氣太陽、氣風、氣雨，氣他們不幫幫忙，趕走我身上最霸道的寄生物——人類。

他們卻總也說：「放心吧，人類會自食其果的！」

台灣人的對待

後來，日本人離開了我的身體，來了許多從西方的中國大陸，搭船渡海而來的中國人。

這些後來一直住在台灣的人，和原本就住在台灣的

• 國民政府撤守台灣之後，大量人口移入台灣，造成了台灣大規模的開發。爲了開發、爲了發展經濟、爲了賺錢，而大量砍伐植物的舉措，讓台灣植物又經歷了一場難以挽回的厄運。

人，我統統稱他們爲台灣人。

台灣人對我的植物朋友的關心，多半停留在如何利用上面。

他們到處砍樹，到處將一片片翠綠，充滿植物的美麗景致，砍成光禿禿的土黃色裸地。

有的裸地成了他們行走的馬路；有的裸地建了他們居住的房屋；有的裸地改成他們的牧場或遊樂園；也有的裸地就讓他裸著，任憑風吹、雨打、太陽曬！

有的樹被砍下來當成他們的家具；有的變成樟腦油、木炭；有的進入人類居住的庭院，成了觀賞植物；有的因爲能治療人類的病，而被吃進人類的嘴裡；有的送到了國外賣錢；有的到處丟棄，任憑腐壞。

再加上人類發明的許多東西，像工廠、汽車、洗潔劑等，都有破壞植物朋友生長的汙染物質，也讓接觸到汙染物質的植物朋友們相繼生病、死去！

看著我身上的人類朋友，這樣粗魯的對待其他的生命，我難過得不知道該如何是好！

疼惜植物朋友的同時，我也痛惜自己的身體！

我不知道，歷經幾千、幾萬，甚至幾十萬、幾百萬年的點滴累積，才終於有了如今這身傲人外貌的我，是不是就要被人類這種後來寄生的動物給毀了？

當我身上的植物朋友相繼死去時，那些沒有植物朋友覆蓋的皮膚，立刻又回復為貧瘠的惡貌。

我又重新過著擔心熾熱的太陽；害怕凜冽的寒風；恐懼傾盆大雨的日子。

豔陽、風、雨再度肆無忌憚的帶走我的身體髮膚。

就在我的部分身體，因為人類的催殘而不斷的化膿、受傷、崩落的當兒，我那些崩落的髮膚也無可奈何的帶走了一些人類，和人類的房子、車子、用品等。

我看到了人類的錯愕；我聽到了人類的哭號；我感受到了人類的悔悟。

我心裡想：「希望你們能從中得到教訓。」

我想，也許有些人類朋友是因爲不了解植物朋友的可愛，才會這般殘忍的催殘植物。

我想，如果人類也能了解我身上的植物朋友們，他們應該也會對我身上的植物朋友，產生和我一樣的疼憐之心吧！

現代台灣人的努力

這時，我發現了一些台灣人似乎跟我有同樣的想法，他們利用寫的文字；畫的圖；拍攝的照片、幻燈片；或聚集一群人一起辦認識台灣植物活動，讓住在我身上的台灣人，認識我的植物朋友、喜歡我的植物朋友，甚至願意挺身保護我的植物朋友。

我也發現，台灣人也規畫了一些國家公園、自然保護區，和自然保留區，用來保護那些區域裡的動物和植物朋友。

我還發現，有些台灣人還特別收集、栽培一些生長在我身上的台灣原生種植物，並且將這些台灣原生種植物展示出來，讓其他的台灣人也能認識這些可愛的植物朋友。

像：在宜蘭的「福山植物園」、在台北的「台北植物園」、在台中「自然科學博物館」裡的「植物公園」、在南投集集「台灣省特有生物研究保育中心」裡的「生態教育園區」等。

•國家公園、自然保護區、自然保留區都是政府規畫保護自然生物的區域。國家公園由內政部管轄，自然保留區由農業發展委員會管理，自然保護區由林務局負責。

我正想著：「不知道台灣人喜不喜歡到這些地方去？」的時候，看到正有許多人從都市坐車到宜蘭山上的「福山植物園」。

「福山植物園」瞧見了我的眼光。

他沒等我問話，便主動告訴我：「生長在我這兒的台灣原生種植物，因爲年代久遠，所以許多大樹樹幹上密密麻麻長滿了著生植物。」

這我知道，這兒早在日本人在我身上的時候，就開始栽植台灣原生種植物了。

「福山植物園」告訴我：台灣人充分利用這兒豐富的植物景觀，又規劃了：水生植物池、離瓣花區、杜鵑花區、合辦花區、竹區、草本植物區、特用植物區、裸子植物區，和一間有動態、靜態說明展示的「林業教育推廣中心」，讓遊客認識他們生活裡經常可以遇見的植物朋友。

看到許多大大小小的台灣人，走在福山充滿綠蔭的山裡，開心的親近植物世界、觀看展示區植物身邊的說明牌，我的心裡充滿了歡愉和快慰。

我記得，台灣人稱爲「台北綠肺」的「台北植物園」也是日本人時代就開始栽植的植物園，忍不住望過去，看看那兒是不是也這麼受到台灣人的歡迎。

哇！「台北植物園」裡更熱鬧，不但有許多人在園裡散步、乘涼、畫畫、賞鳥，還有一群學生跟著解說老師在認識園區裡的植物，有些學生更捧著筆記本，認眞的記下解說老師的話呢！

「台北植物園」告訴我：「現在，我們這些植物展示區裡，不但有展示牌，說明植物朋友的姓名和特性；也有解說員導覽參觀的民眾，向民眾解說植物的特性；

更舉辦許多認識植物的活動，好讓來參觀的人，更了解我們這兒的植物朋友，更喜歡我們這些植物朋友。」

原來，這些展示區也有這麼貼心的設置！我真開心！「台灣省特有生物研究保育中心」的「生態教育園區」聽到我開心的笑聲，便接著說：「我這兒展示的植物朋友通通都是台灣特有或原生種植物喔！」

我看到生態教育園區裡，變色植物、常綠闊葉樹、蜜源植物、珍貴稀有植物等，一叢一叢的生長在一起。「生態教育園區」提到，相同的類別聚在一起，可以方便參觀的民衆了解相同種類的植物有哪些；以及不同種類植物間的差異。

坐落在「生態教育園區」旁邊的「保育教育館」熱情的招呼我：「進來我這兒逛一逛，保證讓你物超所值、收穫豐富！」

我聽到從「保育教育館」裡走出來的人個個一臉的讚嘆，也聽到他們談論著館裡的「生命樹」、「多媒體影片」好精彩，下回還要再來看！

在「台中自然科學博物館」裡的：「植物公園」說話了。

他告訴我：「我這座植物公園和其他植物園展示的方式並不一樣呦。」

其他幾個植物園趕緊認眞端詳這座「植物公園」，想找出他們的差別。

「眞的耶，他這兒展示植物的方法，是依據植物原本的生態景觀作規劃，和我們以植物的種類、功能作規劃的方式並不一樣耶！」「福山植物園」畢竟薑是老的辣，一眼就瞧出了端倪。

我也發現了，「植物公園」裡的植物群落是：北部低海拔生態區、中部低海拔生態區等。

「爲什麼要有這樣的區別呢？」我搞不懂。

「依據植物原本生態景觀作規劃的好處是：人類觀賞的時候，看到的是一個跟野外植物生態很接近的人造景。於是，他們到了野外，便很容易將植物公園裡學到的直接和野外的實景相印證。」「植物公園」回答。

「植物公園」大片的綠地上，有許多人扶老攜幼的嬉戲期間，讓我覺得好溫馨。

看到這些台灣人努力的經營不同的植物景觀，好吸引、教育更多台灣人認識、愛護我身上的植物朋友，我深深受到感動。

我決定也加入幫忙的行列，盡我的棉薄之力，讓更多台灣人認識、喜歡我身上的台灣植物，並因此加入保護台灣植物的行列。

烏來杜鵑

我想到，也許讓台灣人認識這兒很特別、很特別的十一種「台灣珍稀植物」：台灣蘇鐵、台灣油杉、紅星杜鵑、烏來杜鵑、鐘萼木、台灣水韭、蘭嶼羅漢松、台灣山毛櫸、台灣穗花杉、清水圓柏、南湖柳葉菜。以及其他的稀有植物，讓一般的台灣人也知道這些植物的珍貴，並因此了解自己有好好保護他們的責任，那麼，我就不用再一天到晚，爲我的植物朋友們擔心害怕了。

所以，我決定一個地區、一個地區的介紹我身上的植物朋友們，以及他們的特性，給寄居在我身上的人類朋友認識。讓住在我身上的台灣人，像了解鄰居般的了解他們身邊的植物，讓他們疼憐植物朋友，而不再殘害他們。

當我將想法告訴我的植物朋友們的時候，大夥兒的反應都很熱烈，他們熱切的回應：「好耶！台灣爺爺，

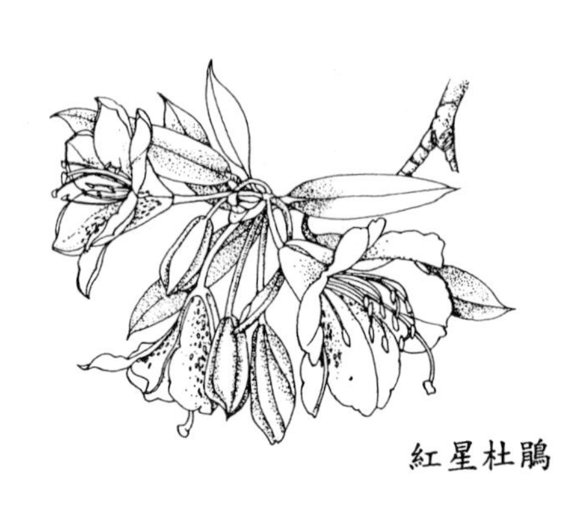
紅星杜鵑

有需要我們的地方，請儘管吩咐。」

我於是將自己的身體分成幾個部分：先將我的身體四周，比較靠近海的平原、丘陵和台地等低海拔地區，分為：東北部、東部、北部、中部、南部、恆春和蘭嶼六個部分；再將在我身體中央高聳起來的中央山脈，依照不同的高度，分為：暖溫帶、涼溫帶、冷溫帶、亞高山、高山寒原。

我希望他們都能自個兒說說自己，及跟他們朝夕相處的植物朋友們的情形。

我衷心盼望，這樣的努力可以有效拉近生長在我身上的台灣人，和也生長在我身上的台灣植物之間的感情。

各區自有特色的台灣植物

雖然同樣都是生長在台灣，不過，長在海邊、長在山上；長在北部、長在南部的植物朋友們，卻各有些許差異。這些差異，源自於台灣身體各部分有著各自獨特的環境特質。

•台灣島四周靠近海邊的低海拔地區，也是人類主要聚集、活動的區域。人類的開發，無可避免的破壞了許多原生植物的生長環境，如今，只能得見零零碎碎的植物原貌了。

台灣島四周的低海拔植物

我望著我四周靠近海邊的地區，心想：「就讓這些有許多人類活動的地方先開始吧！」

我於是要東北部、東部、北部、中部、南部、恆春和蘭嶼，依序向大家介紹他們區裡的植物朋友。

東北部的亞熱帶闊葉樹

「我們東北部的位置在台灣的東北邊，也就是台灣人稱為基隆、宜蘭、花蓮這三個地區的低海拔地方。」東北部開宗明義說著。

我身上的東北部這塊地方，背後靠著中央山脈的重重大山，眼前面對的是一望無際的太平洋。

我想到，每當東北季風從太平洋上吹起，這三個地

•東北部地區因爲首當夾帶大量雨水的東北季風之衝，整年雨量充沛、水源充足，因此，生長著許多喜愛濕氣濃重的闊葉植物，而在豐富的水氣滋潤之下，這裡的樹葉顏色也非常亮麗、可人。

方就風呀、雨呀，整天濕答答的。

東北部說道：「因爲一年到頭下雨的緣故，我這兒的低海拔地方，吸引了許多喜歡濃濃濕氣的亞熱帶闊葉樹生長。」

說得也是，在這個整年雨量充沛、水源不虞匱乏的地方生長的植物朋友們，最能大方的開展他們寬闊的綠葉，葉子的色澤也最爲亮麗、可人。

東北部說話的當兒，我瞧見了海岸邊有許多濕生植物三白草，在迎著風雨開心的微笑呢。

不過，身上散發著濃濃樟腦油味的樟樹卻鎖著眉頭說：「自從這兒的人類越來越多以後，原來生長在這兒，像我們這樣的闊葉樹木們，已經被砍伐得所剩無幾了。」

紅楠跟著說：「砍掉樹木以後的土地，就成了人類的房子、學校、市場、公園、魚塭和馬路。」

「其他沒有被人類利用到的空地，就長出了我們這些以先鋒植物爲主的草原，以及筆筒樹、台灣桫欏等樹種。」五節芒說話的時候，他的鬚狀花穗正沙沙沙的迎風招展著。

我瞧見暖溫帶闊葉林裡，除了些許厚葉石斑木、山林投、魚木、水茄苳、山欖、海檬果、土沈香之外，幾乎都是琉球松的天下。

琉球松瞧見我望著他，趕緊說明：「這兒原本不是我的家，我是被人類種植的新樹種。」

一汪地下泉水忽然噴了出來。透明的泉水提到：「我們宜蘭地區因爲地下湧泉很豐富，所以長出了稀有的水草：水蓑衣、長柄蘭藻和品萍。」

東北部也告訴大家，台灣人已經在這兒設置了「東

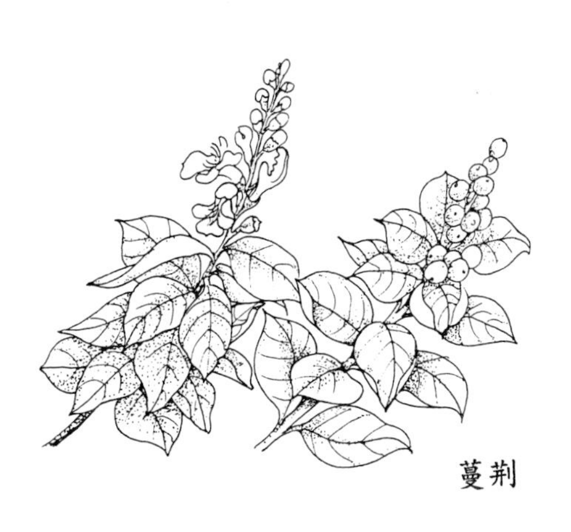

蔓荊

北角沿海保護區」、「蘭陽海岸保護區」，和包括「烏石鼻海岸」、「觀音海岸」、「清水斷崖」等三個自然保護區的「蘇花海岸保護區」，以及「哈盆自然保留區」。

「植物朋友們有了這些保護，就不怕人類的欺負了。」東北部欣慰的說。

說得也是，看到台灣人開始注意我的植物朋友們，也設置了保護他們的區域，我的心中也充滿了安慰。

我知道，「蘭陽海岸保護區」是蘭陽溪從山上一路流呀流呀流到山下時，河水夾帶著上游的砂石，在出海口沖積而成的一片像扇子形狀的濕地。

濕地上的海風強烈，把濕地吹出許多和海岸線平行的，高達十到二十公尺的沙丘。

沙丘上有馬鞍藤、白茅、小海米、蔓荊、無根藤等平貼著沙地，一路在沙丘上匍匐爬行前進的植物朋友。

他們的後頭，比較靠近內陸的沙丘，則長了許多高大的木麻黃樹群。

而草澤地帶，可以看到大片大片的蘆葦叢迎風招展，吸引著許多水鳥棲息其中。

在宜蘭蘇澳鎮上的「烏石鼻自然海岸保護區」，則是一片長滿亞熱帶海岸闊葉林的地區。

這片樹林有三層樹種：樹冠第一層由樟樹、楠木類、儲類、台灣赤楊和相思樹等大型喬木所占據。第二層喬木由楓香、鴨腳木、山黃麻、榕樹、黃杞、桫欏等比較矮小的小喬木所組成。而最靠近我皮膚的地表上，則是蕨類植物的天下。

位於南勢溪上游的「哈盆自然保留區」也提醒大家：「只要是生長在我這片保留區裡的動物和植物，都受到台灣政府的保護。所以說呀，生長在我懷裡的大葉楠、台灣雅楠、冷清草、闊葉樓梯草、雙蓋蕨類、白校欑、紅楠、日本楨楠、黃杞、鬼桫欏、柏拉木、細葉鶴頂蘭，都可以安心啦！」

東部保護著台灣蘇鐵和台灣油杉

位於我身體東邊的台東這塊狹長地帶，也是塊依山傍海的地方。

他所依侍的山是將我分隔為東、西兩大部分的中央山脈；他所面對的海，則是全世界最大片的水——太平洋。

每天，每天，當我身體的其他部位都還籠罩在一片寧靜的漆黑當中時，整夜聆聽著太平洋款款海濤聲的東部地區，總是最早感受到太陽的光和熱，從太平洋上的萬頃波濤中傳來。

所以，我全身上下最早甦醒的地方，總是東部地區。

雖然，東部地區總是最早享受到太陽的光與熱，但是，他們也是我身體的所有部分中，受太平洋影響最大的地區。

太平洋不但爲東部地區帶來豐富的水氣，每年夏季和秋季時分，當太平洋的西南方颳起颱風時，東部地區也就首當其衝的飽受侵襲。

然而，當颱風季節過去，東部地區卻無可奈何的，因爲缺水而進入乾旱季節。因此，沒有耐旱能力的樹種，是無法在這兒生存的。

我喜歡在眼光望向東部地區時，看到那一樹樹頭頂

•傍著太平洋的台東地區，夏、秋兩季經常遭受來自太平洋的颱風侵襲；但是，在沒有颱風肆虐的冬、春兩季，卻總因缺水而成乾旱氣候，因此吸引著對防旱有一套的植物駐足。

台灣蘇鐵

開滿火紅花海的火刺木。

「爲什麼你總是開得這麼燦爛呀？」我問火刺木。

「因爲我在這兒生長得很好，是東部平原上的主要特產樹種呀！」火刺木得意的說。

我的眼光向上抬高了些，我看到了一向生長在鹿野溪中、上游的台灣蘇鐵。他修長的綠葉子，在樹莖的頂端向四方放射開展的自在模樣，在五節芒、台灣蘆竹、刺芒野古草，和青剛櫟、楓香、台灣二葉松，以及樟樹和楠木之間，顯得非常突出。

我記得，台灣人是很寶貝台灣蘇鐵的，我因此問：「台灣蘇鐵，台灣人爲什麼寶貝你呢？」

台灣蘇鐵說：「我們蘇鐵家族在地球上已經有兩億年的歷史，我們一向只喜歡居住在熱帶和亞熱帶地區。在整個地球上，一共有一百多種蘇鐵，其中，只有我們台灣蘇鐵是唯一一種在台灣自己生長的種類。」

一旁的台灣蘆竹充滿羨慕的說：「台灣爺爺您知道嗎？台灣蘇鐵是台灣十一種珍稀植物裡的一種耶。」

我很慶幸的想，好在台灣人已經覺察到他的珍貴，在生長台灣蘇鐵的東部設立了「台東紅葉村台灣蘇鐵自然保留區」和「海岸山脈台灣蘇鐵自然保護區」來保護他。

「還有我，還有我，我也是台灣十一種珍稀植物裡的一種耶！」

我看到一身翠綠的台灣油杉，在一片臨海的山麓上，拚命揮舞著他一樹的綠葉呼喊著。

我趕緊向這位珍貴的孑遺植物老朋友打招呼：「嗨，台灣油杉，你還是活得這麼輕鬆、自如！」

「呵呵呵，老囉，老囉！看到這麼多後生晚輩冒出

草海桐

頭來，只能慶幸自己還沒有被淘汰。」台灣油杉搖晃著他翠綠而修長的葉片說著。

「說哪裡的話！你們這些孑遺植物統統薑是老的辣。如果沒有三兩三，怎麼能夠歷經世界這麼多、這麼大的變動，還屹立在我這片貧瘠的身上！」我不是恭維，我是眞心讚美。

我也很高興，台灣人爲這個珍貴的孑遺植物老朋友，規畫了「大武台灣油杉自然保護區」，讓我這個植物老朋友可以安心的生活在我的身上。

「我們東部地區還有五個花東沿海保護區，用來保護血桐、野桐、馬鞍藤、無根藤、林投、草海桐、台灣蘆竹、結縷草、榕樹、茄苳、台灣白臘樹、樟樹、九芎、大頭茶、車桑仔和小梗木薑子等植物朋友呦！」東部地區提醒我。

我知道，在台灣人的法律裡面，只要是公告的自然保護區，就不可以隨便破壞或傷害裡面的生物。看到植物朋友終於不必擔心被人類傷害，我的心中充滿了安慰。

北部有四種珍稀植物

我正想找下一個介紹的目標呢，卻已經聽到一陣沙沙的樹搖聲。原來，北部地區的植物朋友已經自動展開說明了。

「按照台灣人的說法，我們北部地區就是台灣爺爺身上的台北、桃園、新竹、苗栗等地的低海拔地區。」北部地區的植物朋友們異口同聲說著。

看著這塊地區滿布高高低低的丘陵和台地，想起他們承受著夏季多雨，冬季多強風的天候環境，我知道，他們也有著他們自己的生存之道。

大葉楠、紅楠、香楠、雀榕、白肉榕、錫蘭饅頭果、饅頭果，展示著他們繁多而充滿綠意的葉子說：「山麓地帶是我們亞熱帶雨林的天下。」

樟樹接著說：「至於暖溫帶常綠闊葉林的範圍，則最適合我們樟樹生長了。」

「坪林台灣油杉自然保留區」也跟進說：「從我的名字就可以知道，我這兒專門保護台灣油杉這種珍稀植物。」

「咦，剛剛在台東不是才看過你嗎？」台灣一葉蘭搖晃著他獨特的單單一片修長綠葉問。

台灣油杉笑著回答：「沒錯，我就只喜歡生長在台灣北部和台灣東部兩個地方。」

• 北部地區的陽明山，既是國家公園，也是著名的旅遊勝地，經常遊人如織。這塊小小的火山地形山巒，卻擁有紅星杜鵑、烏來杜鵑、鐘萼木、台灣水韭四種台灣珍稀植物呢！

「苗栗三義火炎山自然保留區」接著說：「我這片火炎山上多半是厚厚的礫石。其實，我就是因爲缺乏植物朋友們的保護，而不斷遭受大自然的風化和侵蝕，才會一直是今天這般的山峰尖銳、山谷布滿卵石的醜陋地形。」

「喂，你忘了我啦！」長著一撮撮像馬尾般葉型的馬尾松抗議了。

「火炎山自然保留區」趕緊澄清：「對，對，對，我差點兒忘了，還好有珍貴的原生馬尾松肯賞光，落腳在我身上，我才終於獲得被保護的條件。」

「陽明山火山群」冒出濃烈的硫磺，示意該他們說話了。

其他地區的植物們都靜默的等待著。

「光光我們陽明山火山群裡，就有四種台灣人認爲

台灣馬醉木

非常珍貴稀少的植物！」陽明山豪氣的說。

難怪他會這麼驕傲，在我身上的六千多種植物裡面，被台灣人非常非常寶貝的珍貴稀少的「珍稀植物」不過只有十一種。而陽明山區這麼小小一塊地方，居然就占了四種，超過所有珍稀植物的三分之一強！

我想，換作是其他的地方，一定也會這麼得意吧！

陽明山成功的吸引了大家的注意以後，便告訴大家：「要生長在我這塊充滿硫磺泉的地方，可不是那麼容易的事呦！」

陽明山的說詞，讓山群裡生長茂密的昆欄樹、南燭、燈稱花、台灣馬醉木、白珠樹、紅楠、小葉赤楠、柃木、台灣楊桐、薯豆、奧氏虎皮楠、尖葉槭等植物朋友們都感到很光榮。

「來來來，我們的珍稀植物站出來給大家瞧一瞧吧！」陽明山招招手，台灣特有的紅星杜鵑、烏來杜鵑，孑遺植物鐘萼木，和台灣水韭趕緊站了出來。

陽明山說：「我要告訴大家：台灣水韭獨獨只生長在我這兒的『陽明山國家公園』的夢幻湖裡，夢幻湖和一般的湖可不一樣哦，他是個火山湖！」

「只有火山湖底堆積著的黑色腐質土，才能夠長出台灣水韭這麼嬌貴的植物。」陽明山很得意的說著。

「陽明山說得一點兒也沒錯，台灣水韭確實只生長在夢幻湖裡。而且，除了在台灣老弟你的身上以外，其他地方可不容易看到台灣水韭這樣的植物呦！」太陽在高高的天上說著話，為陽明山剛剛的說詞背書。

「烏來杜鵑和紅星杜鵑呢？為什麼他們也是台灣珍稀植物？」青楓提醒陽明山該說清楚。

「紅星杜鵑和烏來杜鵑都是台灣特有種，紅星杜鵑只長在七星山和插天山上的陡斜坡；烏來杜鵑只有在北勢溪迎著陽光的岩壁上生長，所以都是很珍貴的樹種。如果不好好保護，以後，可能就再也看不到他們曼妙的花姿了。」陽明山語重心長的說著。

陽明山還說道：「鐘萼木是珍貴的孑遺植物，也是特有的單科單屬單種植物，只有在中國大陸還看得到他的蹤跡。超過台灣以東，就再也看不到這種珍貴的老植物了，所以，台灣人才會這麼寶貝他！」

太陽緊接著解釋：「也就是說，超過台灣東邊，其他太平洋上的小島和更東邊的地區，就看不到鐘萼木這種珍貴的植物了！」

大夥兒都敬佩的點著頭，似乎對太陽的說明很滿意。

這時，桃園台地展示他一汪一汪的池塘告訴大家：

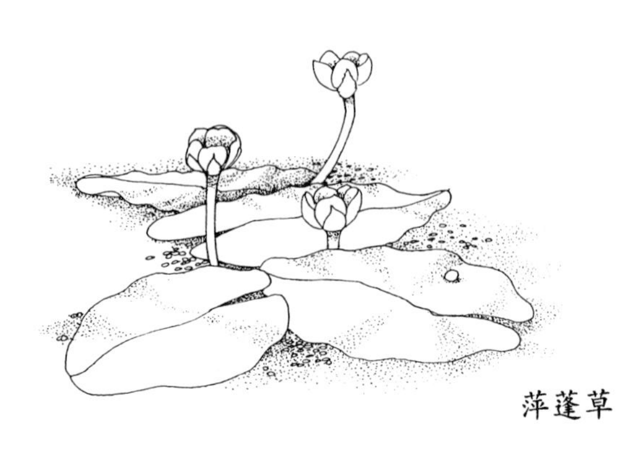
萍蓬草

「我這兒的池塘很多，池塘裡的水生植物也很豐富，尤其是台灣萍蓬草更是珍貴。」

桃園台地的提醒，讓我想起了本來到處都看得到的台灣萍蓬草，如今只剩桃園地區的幾個池塘，還看得到稀稀疏疏的台灣萍蓬草蹤跡，心裡不禁一陣惋惜。

看過了山丘和台地的植物朋友之後，我掃視了一下北部的海邊，提醒海邊的植物朋友們：「該你們了！」

「好！」海邊的植物朋友們趕緊整裝，向大家自我介紹。

我知道北部的沿海地區，因爲海潮的影響，在淡水的陸地，會形成海岸林；在鹹水的沼澤地，則形成紅樹林。因此而有「北海岸保護區」和「淡水河口沿海保護區」兩個沿海保護區。

我瞧著瞧著的當兒，「北海岸保護區」已經開口了。

「我這個北海岸保護區是很委屈的，因爲北部地區的人類衆多，他們與大自然爭地的結果，受害最大的當然就是我們這兒的植物了。」北海岸保護區低沈的說完，指著身邊的黃槿沈痛的說：

「如今，原本生長在我身上的植物，已經幾幾乎被人類破壞殆盡，只剩下黃槿還在海邊苟延殘喘。」

「淡水河口沿海保護區」也是一臉愁容的接口說：「我們也是很慘的！還好人類終於了解到我們的重要，而設立了我們紅樹林保護區。」

位於淡水河口的紅樹林告訴大家：「太陽公公曾經告訴過我：我們這片紅樹林純林，是全世界紅樹林生長的最北界限。」

「你的意思是說，比你們更北邊的地方，就看不到紅樹林囉？」許多植物朋友相當關心。

「沒錯！」淡水紅樹林點點頭回答。

「難怪會在這兒設立紅樹林保護區！」大夥兒都有相同的想法。

中部的落葉樹種多

「說起來呀，我們中部地區可以說是全台灣各地區裡，氣溫、雨量都最適中的地區。」中部地區說著：「這麼良好的生活環境，當然吸引了許多人類居住。」

大家都心知肚明中部地區的意思就是：「人一多，就難免會有開發；一開發，植物社會的原始面貌便很難保有了。」

大夥兒正替中部地區難過的時候，中部地區卻開開心心的指著位於台中大坑的一座小山丘說：「還好，這座頭嵙山爲我們中部地區留下了許多植物朋友的行跡。」

我們順著中部地區的指示，看見了新社鄉邊上的頭嵙山上，有許多植物朋友迎風搖擺，有的一身綠衣裳、有的一身黃衣裳、有的一身紅衣裳，也有的不斷掉落身上的樹葉。

頭嵙山得意的告訴我們：「雖然我的身高只有八百多公尺，可是，在我的身上，卻可以看見平常長在二、三千公尺高山上的植物，以及通常只長在海濱的植物朋友呦！」

台灣馬醉木、紅毛杜鵑、高山芒、巒大蕨、台灣二葉松、西施花、笑靨花、三葉茀蕨趕緊笑說：「頭嵙山說的，通常長在高山上的植物，就是我們啦！」

•位於台灣中部的台中、彰化地區，有著最多的落葉樹種。每當夏日的豔陽藏身，秋天腳步漸涼時節，許多原本翠綠的樹頭，便漸次以一身的金黃、橙紅迎接漸冷的天候。而當冷鋒一波波逼近時，他們更以落葉繽紛捨身颯颯寒風中。

降眞香、魯花樹接著說：「至於通常長在海邊的植物，就是我們囉！」

頭嵙山自我調侃道：「我這片小小的山地，之所以能夠保有這麼多種一般只能在高山、海邊看到的植物，還得歸功於我這身充滿礫石的惡劣地質呢！」

「怎麼說呢？」大夥兒都很好奇。

頭嵙山說：「來看看我的體質吧！」頭嵙山掀開自己的身體，展示身上一層層的裸體說道：「看我這身大大小小的石礫、卵石、砂岩、頁岩、泥岩，和細碎的砂土，實在很難留住一般嬌貴的植物。」

「是呀，頭嵙山上這些岩塊和石礫，讓需要厚實的土壤才能生存的植物都不肯來，正好讓我們這些能適應惡劣土質、不怕乾旱的植物們歡歡喜喜的守在這兒。」

一向是破壞地形常客的台灣二葉松，搖擺著他們如針般

九芎

的細葉說道。

「這些樹身上的樹葉拚命掉落，也和你這身惡劣的體質有關係嗎？」台灣水韭好奇的問。

「沒有錯！」頭料山回答：「這是我身上的落葉木們，在缺水的乾旱季節，調節生長的方法。」

台灣楓香展示他已然翻紅的三裂片菱形葉片說：「在秋天、冬天天氣寒冷又缺水的時節，我們就掉落身上的老葉，好減少葉面蒸發水分的機會，才能安然過冬。」

櫸木、九芎、白桕、烏桕、賊仔樹、苦楝、黃連木、山埔姜、阿里山千金榆、台灣欒樹、山櫻花、無患子、山黃麻、台灣石楠等樹，也都紛紛以一身的繽紛落葉相應和。

「你知道嗎？台灣老弟，」太陽在天上叫喚我了。

我抬頭等待太陽的下文。

太陽說：「每到深秋時節，我都會細細觀賞頭料山上的一身金黃和落葉翻飛。我覺得，這兒綠樹的秋天換裝和冬天落葉，眞是賞心悅目呀！」

我望著這些掉落的老葉，正以他們的身軀殞落換取母株的存活，以及來年的新生命，心裡忍不住興起一陣讚佩的感慨。

南部多經濟作物

嘉義以南到屏東這一大塊低海拔地方，我都稱他們爲「南部地區」。

放眼望去，「南部地區」除了有少部分的丘陵地外，多半是平坦的草原。而且，因爲接近赤道的關係，所以氣候上是屬於熱帶氣候。

每年的夏季，從台灣海峽吹來的西南季風，爲這兒帶來了許多雷雨；而冬季時候，從太平洋吹到我台灣身上的東北季風，卻都被穿過我身體中央的、高高的中央山脈給阻擋住了，所以，這兒的冬季因爲缺乏水氣而天氣乾旱。

「原本，我這兒有許多亞熱帶雨林的植物，和溫帶闊葉林植物。」南部地區說話了。

我放眼望去，在這片廣大的平原上，幾幾乎看不到南部地區所說的景象。

南部地區了解我的疑問，他嘆了口氣：「說起來，還得怪我長得太平坦了！」

他的嘆氣雖然讓我也同樣心有戚戚焉，不過，其他植物朋友們卻丈二金剛摸不著頭腦。

- 南部地區的綠野平疇，很早就吸引了人類聚集、開墾，因此，植物景觀泰半是人類經濟作物的稻米、甘蔗、蔬菜、水果等。而傍著台灣海峽的西岸，則殘留幾許紅樹林植叢。

他接著說：「因爲我太平坦、太容易接近了，人類因此很容易在我這兒生存、聚集，所以，我這兒的人類越來越多、越來越多。」

南部地區又嘆了口氣：「唉，人類越來越多了以後，原本生長在我這兒的花、草、樹、木，便被一一砍掉，改種人類愛吃的稻子、水果和蔬菜。」

「哦！」大夥兒終於了解他是爲著逝去的老朋友們傷心、難過。

「嗨，南部地區，你忘記還有我們啦！」合歡、黃豆樹、木棉等屬於雨林植物的朋友們，揮舞著他們豐茂的枝葉提醒著。

南部地區無奈的點頭說：「沒錯，還剩下你們這些零零星星的雨林植物，還有苦楝、雞母珠和黃連木，東一撮、西一撮，孤零零的生長著，沒有被人類趕盡殺

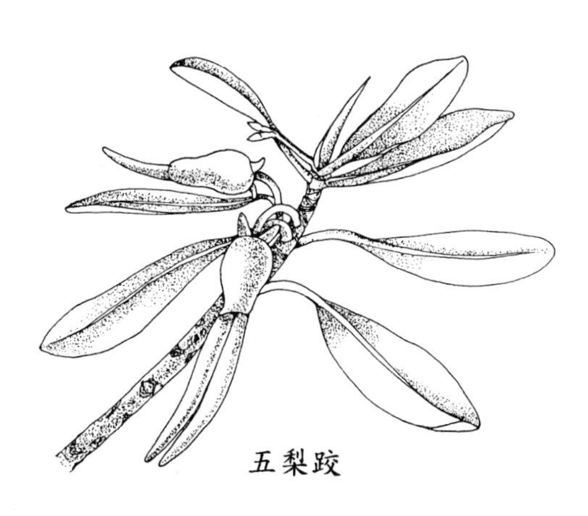
五梨跤

絕！」

「喔，我這兒也有幾塊被台灣人認爲很寶貴，需要特別保護的地方。」南部地區告訴我們的是：「東石紅樹林自然保護區」、「好美寮自然保護區」、「北門自然保護區」和「大渡溪口」。

南部地區要他們：「向大家說說你們自己吧！」

「東石紅樹林自然保護區」在嘉義的六腳到朴子溪口之間，他提到：「聽我的名字就可以知道，我這兒保護的是珍貴的紅樹林植物：海茄苳和五梨跤。只是，我這兒的紅樹林不是純林，而和苦檻藍、黃槿、蘆葦、馬纓丹這些耐鹽植物一起共同生長。」

位在八掌溪口北邊的「好美寮自然保護區」接著說：「我這兒的紅樹林裡主要生長著五梨跤；五梨跤的旁邊，也同時長著細葉草海桐、苦檻藍。至於我這兒的

馬鞍藤

沙地上，則是馬鞍藤、蔓荊、濱刺麥的天地。」

在台南縣北門鄉的「北門自然保護區」則說道：「我的紅樹林裡生長著海茄苳、水筆仔和土沈香；我這兒的小沙丘上有濱水菜；大沙丘上有濱刺麥；靠近內陸地帶，則是以馬鞍藤爲主的沙岸植物。」

「大肚溪口」展現他寬闊的海潮和河口相交處的潮間帶說：「我這兒比較靠近海邊的地區，鹽分就高一些兒；比較靠近河口的地區，鹽分就少一些兒。看到沒，蘆葦、濱雀稗、鹽針草、鋪地黍、白茅、馬鞍藤都是這兒的好居民。」

看到這些植物朋友在與周圍的環境抗衡後，終於能夠逃避人類的摧殘，我的心情難免有著一絲絲寬慰。

「台灣老弟，你有沒有發現到，紅樹林只生長在西部地區，而不生長在東部？」太陽提出了他的問題。

「那是因爲，」紅樹林回答：「西部地區的沿海較多沙岸，而且，河道出海口比較長，腹地比較寬，能夠提供我們紅樹林良好的生長環境。」

聽了紅樹林的說明，我們都點點頭，表示了解。

恆春和蘭嶼的熱帶植物

恆春半島和離島的蘭嶼、綠島，都是夏季多雨、冬季乾燥多風的熱帶氣候。

不過，恆春半島的東部和西部卻因爲雨量的差異，生長的植物並不相同。

恆春半島東部因著貼近太平洋的關係而整年濕潤，是熱帶雨林植物嚮往的生長環境，因此長著許多熱帶植物。

•恆春半島和蘭嶼，都位於台灣的南緣，因著靠近赤道的關係，天氣炎熱、乾旱季長，因此，有著典型熱帶植物特色。再加上，恆春半島本身的珊瑚礁隆起特殊地形，因此可以看見許多珊瑚礁植物。

「來來來，先來看看我身上這八十多種野生蘭花！」恆春半島好不驕傲。

的確是很難得，在這麼一小小塊地區，居然生長了八十多種台灣野生蘭。包括：大型著生蘭的豹紋蘭、大腳筒蘭；小型著生蘭的恆春羊耳蘭、台灣風蘭；長串著生蘭的倒垂風蘭、短穗毛舌蘭等，以及地生蘭的白鶴蘭、綠花肖頭蕊蘭、齒唇羊耳蘭、台灣根節蘭、野生報歲蘭。

台灣風蘭說道：「我們蘭科植物雖然分布很廣，從海邊的沙灘上，到玉山山頂上都可以看到我們的蹤跡。可是，大部分的蘭花姊妹們還是最喜歡恆春東部這種又熱又潮濕的氣候。」

難怪我身上林林總總長了三百多種蘭花裡，恆春半島就有一百多種。其中，半島東部有八十多種，而半島

恆春楊梅

西部熱帶半落葉季風林裡，雖然冬季缺水，卻也有垂頭地寶蘭、吊鐘鬼蘭、東亞脈葉蘭，和紫紋脈葉蘭等二十多種野生蘭花。

恆春半島告訴大家：「看過蘭花以後，再來看看生長在我這兒的其他植物朋友。」

恆春半島從低海拔到高海拔；也就是說由海岸到內陸，依序介紹著：「珊瑚礁植物、沙灘草本植物、灌木植物、海岸林植物、草原植物、灌叢植物，和熱帶季風林。」

我們照著他的話瞧去，發現了：

生長在珊瑚礁上的植物中，以有厚葉片的水芫花長得最多、最好。水芫花的周圍，也生長著鵝鑾鼻榕、白榕、象牙樹。

珊瑚礁後頭的沙灘上，則匍匐生長著馬鞍藤、海埔

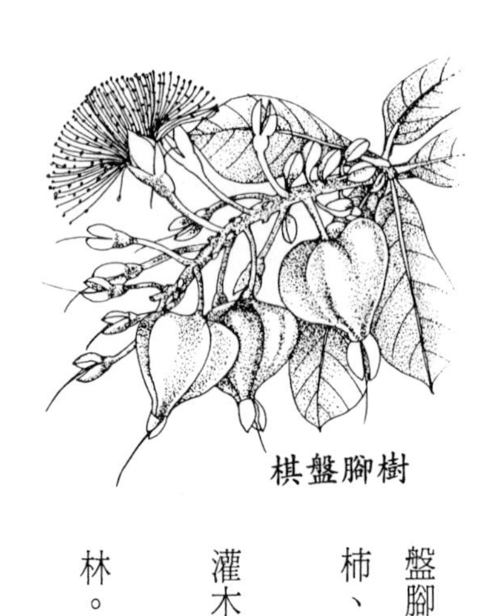

棋盤腳樹

姜，和文珠蘭。

沙灘後頭，葉片修長厚實的林投和草海桐組成的灌木群，有效的阻擋著海風和鹹鹹的海水。

而在距海不遠，避風良好，且腹地寬廣的地區，棋盤腳樹、蓮葉桐、銀葉樹、皮孫木，和少許的欖仁、毛柿、瓊崖海棠共同組成了海岸林。

海岸林附近，有大頭茶、恆春楊梅、厚殼仔等硬葉灌木，和烏柑仔、小刺山柑、刺裸實等有刺灌木。

灌木後頭，則是由林投、鞭藤等組成的熱帶季風林。

其中，在東北方及山谷間等陰濕地帶的熱帶季風雨林裡，有著以粗壯的白榕、重陽木爲主要樹種的樹林。而西南方和山坡地等向陽乾燥地帶的半落葉季風林裡，則以相思樹、牡荊較多。

在這兒，我瞧見了許多植物間有著著生和纏勒的情形。

我問榕樹：「你爲什麼要把重陽木纏得那麼緊？你沒瞧見他幾幾乎要被你纏死了嗎？」

榕樹一臉無辜的說：「我不是故意的！」

榕樹告訴我，當鳥兒吃了他的果實，將他的種子隨同糞便，一起排放到其他樹的樹幹身上時，他就會找時機發芽、成長。他的氣生根也會一路下垂，落到地上成爲支柱。

隨著支柱的慢慢長大、長壯，無可避免的，便擠壓到他原本棲身的樹木。

榕樹一臉愧疚的說：「我沒有辦法讓自己的身體停止長大，所以，只好向重陽木說抱歉了。」

榕樹的話，讓我們都不知道該如何接口。氣氛一時間顯得有些兒凝重。

南仁湖適時接口，解了大家的尷尬。他吆喝著：「來看看我這兒的水生植物吧！」

我們一起數了數，發現在墾丁國家公園東北角，南仁山生態保護區裡的南仁湖裡，竟有一百多種水生植物！其中，小茨藻、瓦氏水豬母乳、類黍柳葉箬、荸薺、針藺、多柱扁莎、小葉燈心草，更是在我的身上已經日益稀少的稀有植物呢！

而在恆春半島各山丘最低點，也是墾丁國家公園裡的龍鑾潭則提到：「我有幸聚集了西南季風帶來的雨量，而成為這片沼澤地。」

我們瞧見了，沼澤裡長著李氏禾、紫蘇草、鋪地黍；沼澤的周圍，則長了許多五節芒。

屏東的「尖山沿海保護區」和「九棚沿海保護區」

提醒大家：「別忘了來看看我這兒，我這兒長著稀有的白花馬鞍藤、截萼黃槿呢！」

當大夥兒發現白花馬鞍藤時，都非常的訝異。常常和馬鞍藤做鄰居的濱刺麥便好奇的問：「奇怪，我平常看到的馬鞍藤都是粉紅色的花，爲什麼你卻開著白色的花呢？」

白花馬鞍藤笑著回答：「這就是我所以能夠成爲稀有植物的原因呀！」

和恆春半島隔著太平洋相望的蘭嶼說話了：「我這兒的蘭嶼羅漢松，是台灣十一種珍稀植物中的一種呦！」

我們趕緊將眼光越過太平洋，望上了蘭嶼島。

「蘭嶼熱帶海岸林」告訴我們，蘭嶼羅漢松是熱帶地方的植物。蘭嶼是羅漢松生長的最北部，比蘭嶼更北的地方就根本看不到羅漢松這種漂亮的樹了。

「也是因爲蘭嶼羅漢松太漂亮了，所以才會被人類大量挖掘去當盆摘。現在，只有在海濱珊瑚礁和臨海斷崖這樣危險、人類不容易到達的地方，才可以看到蘭嶼羅漢松殘存的身影。」蘭嶼熱帶海岸林沈痛的說著。

海岸林的話，讓我們也只能無奈的長嘆！

中央山脈區的暖溫帶到寒帶植物

平地和低地都說過了，位於我台灣身體中央的中央山脈很委屈的抱怨：「台灣爺爺，您爲什麼只讓低海拔地區的植物介紹他們，都不讓我們高山表現、表現？」

「呵呵呵，這叫好酒沈甕底，最精彩的最後推出呀！」我笑著解釋。

・位處台灣中央的衆多山巒，統稱爲中央山脈。在中央山脈的重巒疊嶂裡，依著山脈高度的不同，而有不同的植物景色，活像壓縮的全球植物園。它也是使台灣成爲「袖珍的世界植物園」的重要功臣。

其實，我當然知道，中央山脈這片廣大的山區，有著我身上最豐富而多樣的植物景觀。而且，植物朋友們的相貌，是隨著山區高度的不同，而不斷的改變。

其中，一千到一千八百公尺間的區域是暖溫帶植物區；一千八百到二千四百是涼溫帶植物區；二千四百到三千公尺是冷溫帶植物區；三千到三千六百公尺是亞寒帶植物區；三千六百公尺以上則是寒帶植物區。

中央山脈聽懂了我的話，他笑嘻嘻的說：「所以，接下來統統是我的時間囉？」

我笑著點點頭。

暖溫帶的常綠闊葉林

在中央山脈裡高度最低的「暖溫帶植物區」最先說

•暖溫帶植物區是中央山脈最低的地區，也是有著最多闊葉樹種的區域。這片區域的許多保護區，保護著棲身其間的植物。這兒同時長著台灣穗花杉這種台灣珍稀植物。

話：「仔細瞧瞧，長在我這個暖溫帶上的植物朋友，雖然都是闊葉樹，不過因爲南、北氣候的不同，和海拔高、低的差異，所以他們的聚落可以分爲四個部分。」

我們在「暖溫帶植物區」氣候比較冷的北部低山，看到了許多的白校欑，和周圍的台灣肖楠、南投黃肉楠、烏心石、山龍眼。在北部的高山上，則看見了以鍵子櫟爲主的植物群中，相伴生長著狹瓣八仙花、銳葉新木薑子、阿里山灰木、大枝繡球。

氣溫較高的南部低山是鉤栗長得最多、最好，也有一些九芎、瓊楠、細葉安納樹；而高山上則以長尾栲比較多，並相伴生長著校力、紅花八角、厚皮香。

「暖溫帶植物區」提到：「我這兒也有保護區呦，現在，就讓保護區們自己說說他們自己吧！」

在雪山山脈上的「鴛鴦湖自然保留區」告訴大家，

長尾栲

他負責保護紅檜和東亞黑三稜這兩種植物。

鴛鴦湖上，游著一對對恩愛的鴛鴦，叫我看著好羨慕呦！

看到我專心望著湖中，鴛鴦湖趕緊解釋：「我這個鴛鴦湖裡，除了長著稀有植物『東亞黑三稜』之外，還有線葉眼子菜、水毛花；而我湖邊的沼澤，那整片的苔原群落，是濕地泥炭苔；我的湖岸邊，除了紅檜之外，台灣扁柏、白花八角、銳葉新木薑子，和厚葉柃木這幾種樹所組成的原始闊葉林，是許多喜歡爬山的人類經常拜訪的地方。」

位於羅東的「南澳闊葉樹林自然保留區」告訴我們：「我這兒有生命力旺盛的錐果櫟、長尾栲，還有水社柳、台灣赤楊、九芎、小葉茶梅。」

區裡的「神祕湖」也提到：「我湖裡的沼澤植物是

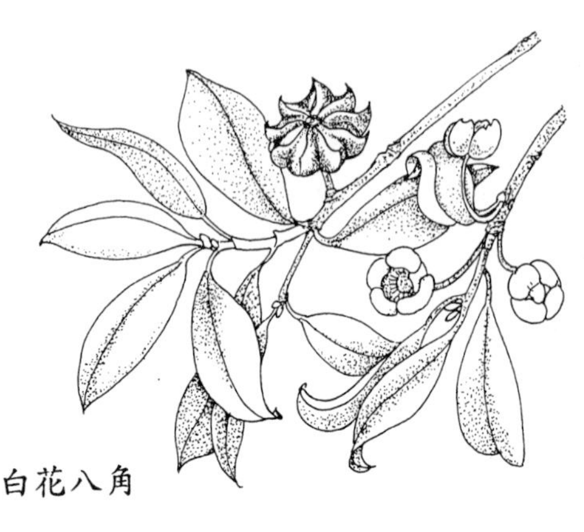
白花八角

有名的東亞黑三稜、水毛花、微齒眼子菜、金魚藻、柳葉箬、水芹菜等。」

台東的「大武山事業區台灣穗花杉自然保留區」則告訴大家，他和「屏東茶茶牙賴山自然保護區」都負責保護著台灣珍稀植物——台灣穗花杉。

聽到又有台灣珍稀植物，大夥兒都眼睛一亮。

大武山告訴我們：「台灣穗花杉是遠古的孑遺植物，目前在全台灣地區，只剩兩百株左右了。」

大武山的話，讓我們對台灣穗花杉充滿敬意之餘，也衷心期待他能以自身的適應能力，再度開啓生命的契機。

我認眞搜尋的當兒，瞧見了有著線形綠葉，葉子略略彎曲像把鐮刀的台灣穗花杉，正躲在日本楨楠、紅楠、長尾栲、昆欄樹、黃杞、瓊楠、小西氏楠、台灣赤楊、假赤楠等第一層喬木的下頭。

大武山說：「台灣穗花杉是這個地區唯一的一種針葉樹。由於樹身較低，所以通常屈身第二層喬木。」台灣穗花杉還向大家介紹了區裡的銀脈爵床、南洋桫欏、姬荷包蕨等珍貴植物。

「暖溫帶植物區」也告訴我們：

「台東海岸山脈闊葉林自然保護區」裡保護著低海拔闊葉林中的牛樟、朱鸝。

台東「關山台灣胡桃自然保護區」則保護著台灣胡桃。

新竹「達觀山自然保護區」保護著紅檜、台灣扁柏等巨木。

台中東勢的「雪山坑溪自然保護區」保護著牛樟、烏心石、金線蓮等稀有植物。

屏東「浸水營闊葉林自然保護區」保護著楠、櫧等常綠闊葉林生態。

我知道，過了暖溫帶植物區後，再向上去就會越來越難看到闊葉樹了。

涼溫帶的針闊葉混生林

「我們這一區裡，有清水圓柏和台灣山毛櫸兩種台灣珍稀植物。」涼溫帶植物區說。

「清水圓柏？在哪兒可以看到他呢？」大家都睜大了眼睛，想瞧個仔細。

「如果要看清水圓柏，只能到他唯一的生長地——花蓮的清水山。」涼溫帶植物區指著清水斷崖峭壁邊緣，孤傲挺立在貧瘠的石灰岩上的清水圓柏說。

「嘿，你爲什麼要長在那麼危險的地方？」台灣扁柏好奇的問清水圓柏。

「不是我喜歡生長在這種危險的地方，」清水圓柏嘆了口氣說：「實在是因爲我長得太讓人喜愛了，因此，生長在人類到得了的地方的兄弟姊妹，都已經被人類挖走了。到如今，要看我們，只好到這些懸崖峭壁上來看了！」

唉，清水圓柏、台灣蘇鐵和蘭嶼羅漢松竟有著相同的坎坷命運！

位於新竹山上的「插天山自然保留區」告訴大家，他負責保護櫟林帶、檜木巨木群，和台灣山毛櫸群落。

我瞧著台灣山毛櫸時，看見了他一直在掉葉子。

「嘿，台灣山毛櫸，你怎麼啦？」植物界的常青樹種之一，台灣二葉松好奇的問。

•涼溫帶植物區的海拔高度比暖溫帶植物區高，溫度相對低於暖溫帶區，因此，適應高溫、重濕的闊葉樹漸漸少了，耐寒、耐旱的針葉樹逐漸增加，而形成針葉、闊葉混生的林相。

「眞不好意思，每到天氣轉涼的時候，我的葉子就不聽使喚的猛掉、猛掉的！」我瞧見台灣山毛櫸一臉羞澀，一副不知如何是好的神情。

「台灣山毛櫸，你好呀！」太陽開朗的打著招呼說：「我知道你的另一個名字是台灣水靑剛。雖然，你是溫帶地區常見的落葉樹，可是，在台灣老弟身上，你卻是唯一的溫帶夏綠林。所以，台灣人才會把你當成台灣珍稀樹種之一吧！」

「好特別呦！」崇拜的聲音響自四周。

太陽告訴台灣山毛櫸：「你可不要妄自菲薄呦！就我所知，所有溫帶落葉木中，你——台灣山毛櫸，是生長在南部的界限上；也就是說，比台灣更南部的地區，像菲律賓、馬來西亞就根本看不到溫帶落葉木了。」

太陽的安慰，讓台灣山毛櫸放鬆了緊張的身子；也

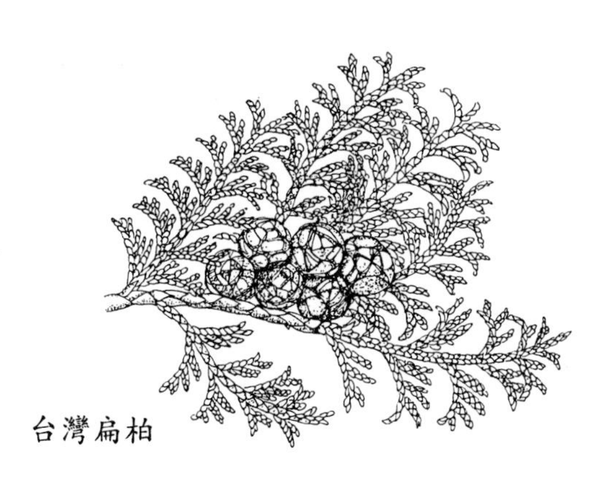
台灣扁柏

讓大夥兒對他刮目相看。

於是，台灣山毛櫸重新抬起頭來，在第一層喬木的有利位置上，抬頭挺胸的迎著燦爛的陽光。台灣山毛櫸的下頭，則長著昆欄樹、日本灰木、台灣冬青等第二層喬木。

我放眼望去，在涼溫帶針闊葉混生林裡，看到的雖說不是細細的針葉樹種，就是有扁平葉子的闊葉樹種。不過，整體說來，長得最多、最好的，還是台灣扁柏和紅檜。

我看到，台灣扁柏多半生長在山腰坡度平緩、土層厚實的地方。紅檜則不論是山脊乾旱的地方，或山谷潮濕的地方都可以生長。

太陽告訴紅檜：「你長得又高又大，而且數量繁多，所以，每回到你這兒來，想看看長在你下頭的其他樹種，都得特別睜大眼睛找呢！」

「眞的嗎？」紅檜趕緊呼喚風兒揮動他細針般的樹葉，盡量讓出空隙，好讓太陽瞧瞧他樹身下躲藏的其他闊葉樹、灌木叢，和玉山箭竹等密草。

在紅檜和太陽玩遊戲的當兒，我瞧見了飄逸的「台灣一葉蘭」。

在這段多霧地帶裡，每當山中飄起朦朧的山嵐，以薄紗逐漸掩蓋綠樹的雄偉時，我總私下尋找台灣一葉蘭粉紅的嬌美身影。

我知道，我只要抬眼望向嘉義阿里山的「台灣一葉蘭自然保留區」，就可以看到期盼中的身形。

我知道，喜歡濕濕冷冷地方的台灣一葉蘭，也像清水圓柏一樣，被喜愛他的人類不斷挖離他生長的家鄉，所以，在野外要再看到他的身影，已經比以前困難多

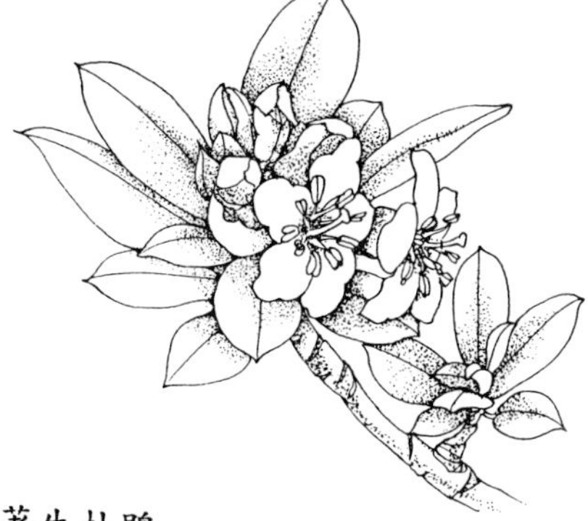

著生杜鵑

了。

當然，在這個保留區裡，除了珍貴的台灣一葉蘭之外，還有阿里山千層塔、台灣檫樹、華參、著生杜鵑、台灣五葉蔘、阿里山十大功勞、威氏粗榧等稀有植物。

屏東的「出雲山自然保留區」告訴大家，他那兒的植物涵蓋了亞熱帶的台灣白臘樹、九芎、台灣櫸木；暖溫帶的樟、櫧等；涼溫帶的紅檜、鐵杉混生林；以及稀有植物阿里山櫻花、台灣紅豆杉、牛樟、威氏粗榧、無脈木犀、台灣奴草。

「哇，你的身上居然包含了亞熱帶、暖溫帶和涼溫帶的植物群！」台灣蘇鐵伸了伸舌頭，表示對「出雲山自然保留區」的驚歎。

屏東還有一個「霧頭山自然保護區」，則涵蓋了亞熱帶的楠、榕林；暖溫帶的楠、櫧林；涼溫帶的櫟木林；冷溫帶的台灣鐵杉林，和高山草原過渡帶。並有台灣紅豆杉、威氏粗榧、牛樟、報歲蘭等稀有植物。

知道「霧頭山自然保護區」除了涵蓋亞熱帶、暖溫帶、涼溫帶植物外，更包含了冷溫帶和高山寒原的植物後，更多植物伸舌頭了。

宜蘭的「翠峰湖自然保護區」在大家伸舌頭的當兒，告訴大夥兒：「我是台灣最大的高山湖泊呦！」

翠峰湖的話，馬上轉移了大家的注意力。

翠峰湖提到：「我這兒的雨量非常充沛，濕度很高，經常整日霧濛濛的，所以，台灣扁柏和紅檜在我這兒都生活得很開心。」

我們也瞧見了，翠峰湖除了台灣扁柏及紅檜之外，也有柳杉、台灣二葉松等大型喬木；薔薇類、山茶等灌木；燈心草、高山萱草、玉山箭竹等地被植物生長著。

台灣檫樹

涼溫帶植物區還提到：

新竹的「觀霧台灣檫樹自然保護區」保護著珍貴的台灣檫樹。

南投的「瑞岩溪自然保護區」保護著檜木。

嘉義的「鹿林山針闊葉林自然保護區」和「阿里山針闊葉林自然保護區」都保護著他們身上的針闊葉混生林。

屏東和台東交界的「鬼湖」東岸，是一片高山芒和玉山箭竹草澤。西岸則是原始森林，和一片生長良好的台灣杉林。

冷溫帶的針葉林

再高一些的「冷溫帶針葉林」裡，幾幾乎看不到葉

•冷溫帶針葉林裡，幾乎看不到葉片扁平的闊葉樹。這段寒冷的區域，是台灣鐵杉和台灣雲杉兩種針葉樹的天下。在台灣鐵杉與台灣雲杉的針葉樹林裡，只有稀稀疏疏幾種林下植物生長其中，林相比熱帶、亞熱帶樹林單純多了。

片寬闊的闊葉樹了。這兒生長著許多台灣鐵杉和台灣雲杉。

台灣鐵杉適應力較強，生長在土層較淺的山坡地；台灣雲杉則生長在土層較厚的緩坡和谷地。並有台灣華山松、台灣刺柏、台灣二葉松相伴生長其間。

看到台灣二葉松大方的展露他細長的針葉，我想起台灣二葉松旺盛的生命力，總在火災或崩落地上，迅速成長。我因此忍不住問他：「爲什麼人類要稱你爲火災適存樹種？」

「那是我獨特的生存能力！」台灣二葉松得意的說：「我一再調整自己，讓自己在好土好地，和壞土壞地上都可以生長。通常，森林火災之後，許多植物都因爲火災後的土質不良而不肯來時，我卻一點兒也不怕的住了進來，而且生長得很好，所以就被稱爲火災適存樹種了。」

我想到，如果我的植物朋友們，都具有台灣二葉松這種成功戰勝環境的能力，一定可以長得比現在更好、更繁茂！

台灣鐵杉和台灣二葉松純林的下頭，我瞧見了杜鵑、小蘗等灌木。

灌木下則是玉山箭竹、高山芒爲主的草叢，其間也夾雜著佛甲草、黃菀、籟簫、金絲桃、龍膽、鹿蹄草、蕨類、苔蘚等地被植物。

我知道，在森林和森林之間、在森林火災後、在貧瘠的土地，以及在風力強勁的高山山峰上頭，經常會看到以玉山箭竹和高山芒爲主的高山草原。

喜歡濕潤的玉山箭竹，通常選擇背陽的山坡生長。而高山芒較耐乾旱貧瘠，所以多半生長在向陽的裸露山坡地。

我正想要高山草原說說他們自己時，已經聽到了問話。

「為什麼你這兒有這麼多、這麼多的草原？」通常生長在熱帶雨林、習慣與高大的喬木為伍的白榕好奇的問。

「還不是因為水分不多的關係。」高山芒回答。

玉山箭竹也說：「我們這兒山高、水少，高大的樹種如果到了我們這兒，鐵定不是乾死，就是營養不良、長不高。所以，就只有我們這些不需要太多養分，也不須要太多水分的低矮植物待在這兒囉！」

玉山箭竹俏皮的回答，逗笑了大家。

冷溫帶針葉林還提到：花蓮有「玉里野生動物自然保護區」保護著紅檜、台灣杉等植物朋友。

台東有「北大武山針闊葉林自然保護區」保護著針闊葉混生林裡的植物朋友們。

亞高山的森林生長界限

「我這兒是森林生長的最高界限。」亞高山針葉林驕傲的說。

「森林生長的界限?是什麼意思?」剛吃下一隻螞蟻的毛氈苔好奇的問。

亞高山針葉林說:「在我上頭那些更高的地方,根本長不出森林來!」

「爲什麼?」金錢草羨慕的望著毛氈苔闔起來的葉子,裡頭的螞蟻還在掙扎!同時丟出了他的問題。

亞高山針葉林還沒說話,高山上的狂風已經「呼

・亞高山針葉林是森林生長的最高界限，超過這個範圍，高山上的酷寒、劇風、礫石、冰霜等惡劣環境，根本無法讓大樹生長其間。沒有大樹的生長，自然也就無法形成森林。

——呼——呼——」大聲咆哮的做了聲效說明。

「是因爲山上的風太大了嗎？」生長在海邊的馬鞍藤很了解強風不出頭的道理，他一向選擇匍匐生長來避風，所以，他能立刻提出重點。

亞高山針葉林點了點頭之後，補充說明：「除了強風、大雪之外，再上去的高山上土壤貧瘠，水分不足，根本無法提供森林成長的需要，自然長不出森林囉！」

「你知道嗎？」太陽在頭頂上又開口了：「你這兒的樹種，和北極區南方的針葉林很相似，都有挺直的樹幹，主幹都不分支，而且高大的喬木層只有一層。」

「眞的嗎？」亞高山針葉林開心的問：「這麼說起來，我這兒的針葉樹朋友們，和北極圈南方的寒地樹種是親戚囉！」

太陽微微笑著點了點頭。

得到遠房親戚消息的亞高山針葉林，介紹起他的植物朋友們更帶勁了。

他說：「在我這兒長得最好的樹，是台灣冷杉和玉山圓柏。」

我一向喜歡冷杉優美的樹形。我知道，在土壤排水良好的山坡地，可以看到他們挺直的身軀。

每當看到他挺直的樹幹，和伸展平直的樹枝在陽光下挺立，我心裡都忍不住一陣讚嘆！尤其看到他們一大落挺立在高高的山坡上時，更讓我覺得他們彷彿自地中竄起，聳入雲霄。

難怪台灣人會稱他們爲「台灣第一針葉純林」！

台灣冷杉告訴我們：「我選擇高高的山上生長，是因爲我喜歡山上冷冷的氣候；我喜歡在冷冷的天候中，享受太陽暖暖的照拂。」

台灣冷杉

難怪他會叫做「台灣冷杉」！

聽到冷杉提到了喜歡他，太陽也立刻有了回應：「你知道嗎？台灣是你們冷杉家族最最南方的居所；比台灣更南方的地方，就再也找不到你們冷杉家族的蹤跡了。」

台灣冷杉沈靜的點了點頭：「我了解，我們冷杉一向受不了太熱的氣候，所以不會選擇南方居住。」

太陽提醒我，要我將眼光轉向雪霸國家公園的七家灣溪上游。

太陽說：「我覺得，七家灣溪上游的品田山到雪山主峰之間山谷地裡的冷杉林，是台灣所有冷杉林裡，林相最優美的一片杉林！」

其實，不必太陽提醒，我自己也覺得這片台灣冷杉純林，是我身上最漂亮的一片杉樹林。

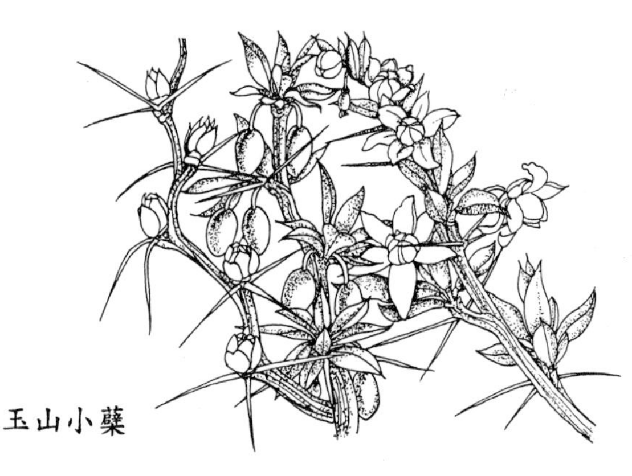

玉山小蘗

每當我瞧著這片由台灣冷杉組成的第一層樹冠純林時，我也總會順著杉樹的樹身下望，同時瞧瞧仰望著他的玉山小蘗、巒大花楸、台灣茶藨子這些灌木，和曲芒髮草、玉山鬼督郵、中國地楊梅、寬葉冷蕨、逆葉蹄蓋蕨、短矩粉蝶蘭這些草本植物，以及地表上覆蓋的厚厚一層苔蘚。

在山谷裡的那一整片玉山圓柏純林說話了：「我們玉山圓柏又叫做香柏，我們比較喜歡土層深厚的濕潤地，我們也沒有台灣冷杉那麼耐風，所以，我們選擇生長在山谷地區。」

不過，我深深知道，玉山圓柏長成這種大喬木林型的模樣，只能在南湖大山上的上圈谷、南湖池、秀姑巒山與馬博拉斯山間，關山、雪山西側翠池附近，和雪山北峰的南鞍這幾個地方看得到。

其中翠池附近的玉山圓柏純林，更是我身上僅存的最古老巨林族，也是所有玉山圓柏中林相最優美的。樹高有十到十二公尺，樹的胸寬直徑有三十到六十公分，甚至寬達一公尺！

這兒的玉山圓柏提到，台灣人已經在這兒設立了「台灣香柏林保護區」來保護這片巨木林。

我覺得，玉山圓柏實在是很特別、很特別的樹種！在這兒，他是高大挺直的大喬木，高高在上的睥睨生長在他下頭的灌木、草叢、地被植物。可是，一到了高山寒原的森林界限以上地區，他卻委身爲矮盤灌叢！

看到高高低低，在不同地區，以不同相貌生長的玉山圓柏，我眞想頒座「能屈能伸」的獎牌給他呢！

在亞高山針葉林裡，我還看到了：台灣雲杉、台灣鐵杉、台灣華山松、台灣二葉松這些針葉樹。

針葉樹下頭，有台灣刺柏、玉山小蘗、玉山野薔薇、玉山杜鵑、玉山柳、台灣茶藨子這些灌木。

灌木下頭，則是玉山箭竹、沙蔘、籟簫、一枝黃花、龍膽、當藥、佛甲草、金絲桃這些地被植物。

高山上的寒原植物

「嘿嘿嘿，我這兒的氣候寒冷、風吹猛烈、水分少、土質不良，所有的條件都不適合森林的成長。所以，在我們高山寒原上，是長不出森林的。」高山寒原冷颼颼的做了開場白。

我瞄到許多植物朋友聽著聽著都打了個寒顫。

筆筒樹挺了挺腰桿，鼓起勇氣問：「難道，你那麼討厭我們這些植物跟你做朋友嗎？」

「我才不討厭你們呢！我還巴不得自己能像山下的地方，有那麼多植物跟我作伴、保護我。」高山寒原黯淡的說出了心裡的話。

「既然你也希望我們跟你作伴，爲什麼你要讓自己這麼不適合森林成長？」血桐搖擺著他的綠色葉片問。

「這個部分由我來代替他回答吧！」太陽在天空替高山寒原解了圍：「台灣身上超過三千六百公尺的高峰上，有著地層的變動、岩石的崩解，以及沈重的雨水、冷冽的寒風、冰冷的霜雪等惡劣的生存環境，這樣的環境，只長得出矮盤灌叢與草本植物，根本沒辦法形成以大樹爲主的森林。」

我知道，我身上三千六百公尺以上的高峰並不多，所以，高山寒原並不發達，只有雪山、大霸尖山、南湖大山，以及玉山上頭可以看得到高山寒原的景致。其中以雪山和南湖大山的面積最大，有最多稀有種植物和特有種植物。

「我記得高山寒原裡也有台灣珍稀植物不是嗎？」我決定給高山寒原打打氣。

「對，對，對！南湖柳葉菜是台灣十一種珍稀植物之一。他們多半生長在南湖大圈谷四周的碎石坡和山頂上。」高山寒原似乎拾得了一些兒信心。

高山寒原也提到，生長在稜線附近及各高山地區的川上氏忍冬，和生長在雪山北峰及北稜角稜線兩側的高山柳，也是台灣稀有植物。而寒原上獨特的矮盤灌叢，則是玉山圓柏、玉山杜鵑長得最具生命力。周圍也相伴著玉山小蘗、玉山野薔薇、川上氏忍冬、高山柳等植叢。至於高山草本植物，則主要有：玉山薄雪草、玉山籟簫、玉山金梅、早田氏香葉草、阿里山龍膽、玉山山蘿蔔、

•超過海拔三千六百公尺的高山上，一般只能長出低矮的草本植物。然而，在台灣的高山上，卻仍然可以看到玉山杜鵑的灌木叢，以及，以低矮灌叢身形生長其間的玉山圓柏。

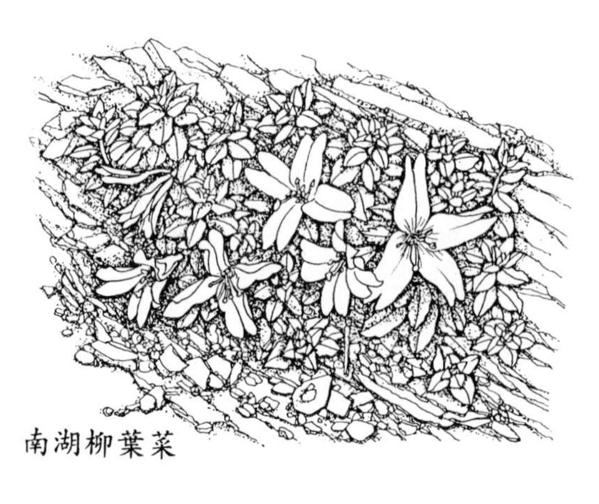
南湖柳葉菜

高山茅莨、羊茅、玉山佛甲草、奇萊紅蘭、玉山當歸、梅花草、高山卷耳、雪山馬蘭、阿里山碎米薺等。

「可不要忘了我們寒原上的孑遺植物呦！」台灣山薺、長柄毛莨、小杉葉石松、扇羽陰地蕨、雙黃花堇菜悠悠的說著。

末了，太陽告訴高山寒原：「你不要妄自菲薄，也不要覺得孤單。你這兒的植物生長條件，和北極圈的生態條件很相似；你這兒的寒原植物，也和北極圈裡的寒原植物有親屬關係。」

太陽強調語氣說：「想想看，一個亞熱帶的小島上，居然長著和遙遠的北極圈裡相似的植物，不是應該覺得很驕傲嗎！」

太陽的話不但振奮了高山寒原，也讓其他的植物朋友對高山寒原另眼相看。

歡迎人類踏上自然步道

「自然步道」是原本就存在，尚未被人類的發展完全破壞的、適合踏青的路。步道上有許多植物、許多動物，和許多昆蟲。走訪下列九條台灣的主要自然步道，相信對台灣的植物景觀，會有相當的了解。

•能生長在台灣這個蕞爾小島上的植物們，都經歷了許多生命的洗禮，才得以存活迄今。這些來自全球各地不同地區、不同氣候條件的植物們，竟能相容在台灣這塊面積不過三萬六千平方公里的小島上，他們的努力，實在叫人讚佩。

該讓人類親近植物朋友

我身上的每個部分都說過了他們那兒的植物以後，我點點頭，覺得自己的任務應該告一個段落了。

沒想到，太陽卻叫住了我。

「台灣老弟呀，你有沒有發現，剛剛聽到、看到的植物們，有許多是生長在人類比較稀少，或很少人到達的山上、海邊？」太陽說。

「對吻！」我點點頭，思考著太陽的話。

太陽說：「這些地方距離大多數的人類太遠，他們平常不容易接近；沒有接近就不容易了解；我想，沒有了解，要他們去喜歡、去保護可能會有困難吻。」

「唉！」我忍不住嘆了口氣，爲自己剛才的白忙一場而氣餒。

太陽沒有安慰我，他繼續說：

「我想，你不妨在你的身上找幾條適合人類去踏青的步道，介紹給台灣人，讓他們到步道上去走走、瞧瞧、感覺感覺，相信幫助會更大。」

「對呦！」我覺得太陽的點子太棒了。

我立刻瞧了瞧我自己的身上，想著有哪些地方是適合人類踏青的步道。

這一瞧，竟然讓我發現了：一些同我一樣關心台灣植物的台灣人，已經規畫了幾條適合大多數人探訪的自然步道。

我瞧了瞧那幾條人類規畫出來的自然步道，發現，步道上經常有人類在活動，他們有的在步道上散步、做體操；有的在步道上聊天；有的只是用力呼吸新鮮的空氣。

我聽到他們說著：「樹林裡的芬多精會讓我神清氣爽！」

「多到山裡走走，可以延年益壽！」

也有人提到：「樹木長得茂盛的地方，土質比較堅固，不容易發生土石流。」

只是，在上面活動的人類，多半並不知道他們經常擦身而過的植物叫什麼名字。

我想，如果讓這些經常在自然步道上散步、運動、聊天、做體操的台灣人，也能知道他們腳下、身邊經過的植物們叫什麼名字；哪一條步道上會有哪些植物朋友，讓他們和步道上的植物們做朋友，應該就可以少了些會傷害植物朋友的人類了。

我開心的呼喚這幾條步道：「趕快介紹介紹你們自

己，好讓台灣人認識你們那兒的植物朋友。」

「好的！」步道們抖擻起精神，與他們身上的植物朋友們，一起亮相了。

我讓低平的海邊、比較多人類聚集的北海岸先亮相。等海岸們介紹過自己後，再介紹其他位於山地的步道。

高山薔薇

•北部的海岸地區，住著許多人。這兒也是許多人夏日戲水、觀賞候鳥的地方。

北海岸的河口及海濱植物群

北海岸拍動著身邊的一汪汪或淡或鹹的海水、河水說：「在台灣北部，想看水邊的植物，到我這兒來就對啦！」

北海岸提到：「我的位置在台灣島的北邊，我這兒既有岩岸、沙岸，也有河濱的沼澤，所以，可以看到各種各樣的水邊植物。」

北海岸依序介紹著：

關渡、竹圍、挖仔尾的河濱沼澤植物

「從淡水河下游到出海口的關渡、竹圍、挖仔尾這三處沙洲上，可以看到許多河濱沼澤植物。」北海岸說。

「河濱沼澤植物?就是生長在河邊爛泥巴裡面的植物嗎?」喜歡乾旱的五節芒有些兒好奇。

「沒有錯!我這兒的植物都喜歡在河邊爛泥地裡生長。」北海岸笑著回答。

北海岸提醒想去他那兒看海濱沼澤植物的人類朋友:

關渡的「關渡自然保留區」裡,有比較完整的河濱沼澤植被,包括紅樹林裡的主要樹種水筆仔,以及鋪地黍、香蒲、鹹豐草、五節芒等。

而已經畫定爲「淡水河紅樹林自然保留區」的竹圍,則有台灣最大的水筆仔純林,以及苦林盤、白茅、鹽地鼠尾草、雙花蟛蜞菊、文珠蘭、馬鞍藤、蕃杏、茳茳鹼草,以及乾旱地上的鯽魚膽等。

「挖仔尾」這個風平浪靜的瀉湖水域裡,除了紅樹林之外，沙丘上並生長著耐乾旱的濱刺麥、白茅、海埔姜、單花蟛蜞菊、茵蔯蒿、加拿大蓬、馬鞍藤，及寄生的菟絲子。

鼻頭角、野柳岬、麟山鼻的岩岸植物群

「我們岩岸植物從海濱到內陸，一共可以分爲六種植物群：岩岸海潮植物群、臨海岩礁植物群、海蝕平台植物群、海崖岩生植物群、臨海山坡植物群、頂稜矮林植物群。」岩岸植物細細說著。

「如果想看我們這兒的岩岸植物，可以到鼻頭角、野柳岬、麟山鼻看個眞切。」北海岸補充說道。

「尤其是我鼻頭角，更是完整的呈現了海濱植物到山坡植物的各部分變化。」鼻頭角推銷著自己說：

鳳尾蕨

這兒的岩岸海潮植物群有低潮線的馬尾藻、小海帶等褐藻類，潮間帶的浪花藻、蜈蚣藻等紅藻類，和高潮線的石髮、石蓴等綠藻類。

我記得，每年冬、春，海藻大量繁生的季節，總可以欣賞到礁岩上，滿布翠綠與黃褐的各色海藻，很是壯觀。

臨海岩礁上，可以看到鹽飄佛草、脈耳草等植物迎風搖擺。

海蝕平台上，看到的都是以莖匍匐前行、葉片又硬又厚，葉上密生絨毛的石板菜、濱排草、岩大戟、白鳳菜、傅氏鳳尾蕨。

海崖岩石上，則生長著台灣蘆竹、防葵、林投、長葉腎蕨、闊片烏蕨、全緣貫衆蕨、台灣百合、金花石蒜等植物。

山欖

臨海山坡地有五節芒、濱薊、濱箬草、山菅蘭、灰木、九節木、山欖、台灣胡頹子等植物。

野柳岬也提到，岬上的山坡頂端，覆蓋著茂密的矮樹林，包括：紅楠、凹葉柃木、革葉石斑木、海桐。頂稜前段，則是琉球松與木麻黃的造林地。

麟山鼻則告訴大家：「我這兒有海濱步道，歡迎人類到步道上來仔細觀察我這兒的海濱植物。」

白沙灣、福隆的沙岸植物群

白沙灣和福隆展示他們細嫩的白色沙灘，告訴大家：「在我們的細沙上，可以瞧見沙灘草地植物群、沙灘灌叢植物群和沙丘樹林植物群。」

這兒的沙灘草地植物群以耐旱、耐鹽、耐風、耐熱的定沙植物爲主。像匍匐生長的馬鞍藤、濱旋花、濱豇豆、剪刀股等，以及有碩長主根的濱防風、防葵、濱蘿蔔、濱當歸等。還有蔓荊、小豇豆、天人菊、白鳳菜、文珠蘭、單花蟛蜞菊、雙花蟛蜞菊、茵蔯蒿、海米、濱刺麥等。

沙灘灌叢植物群則由草海桐、南嶺蕘花、林投、海桐等灌木植物，形成一道矮矮的擋風牆。

由灌叢形成的擋風牆後頭，是沙丘樹林植物群。這兒有海檬果、黃槿、水黃皮、雀榕等喬木。

石碇溪口緊接著說：「還有，還有我，我這兒有海漂樹林植物群。」

我們趕緊將眼光轉向石碇溪口。我們看到了：夜間開花的穗花棋盤腳、銀葉樹所構成的海漂樹林植物群。

• 位於台灣南端、恆春半島上的墾丁，是典型的珊瑚礁隆起地形。由於地質不佳，加上地處偏遠，而能保有較多的原始植物相貌，是想一探珊瑚礁植物群的人們不能錯過的地區。

墾丁的珊瑚礁植物群

「我這兒的地形跟台灣其他的地方很不一樣，」墾丁指了指自己身上看起來破破爛爛的地表說：「我是由於板塊緩慢抬升所造成的珊瑚礁隆起，而形成高位珊瑚礁及石灰岩丘陵的特殊地形。」

大家都點了點頭表示了解墾丁的說法。

「有沒有覺得我這兒很熱？」墾丁問大家。

大家跟著頻頻點頭。

「因爲我這兒是熱帶地區，屬於熱帶季風氣候，夏季炎熱多雨，冬季暖乾多風，所以，各位會覺得熱。」

墾丁告訴我們，這兒也被人類大量開發、大量破壞過，所以，在他的地盤上，只能斷斷續續的看到些許原本生長在這兒的植物。

「大致說來，在我這兒可以看到：珊瑚礁海潮植被、珊瑚礁海岸植被、珊瑚礁丘陵植被、珊瑚礁山地植被。」

貓鼻頭的珊瑚礁海潮植被

「以裙礁及崖崩爲主要地形的貓鼻頭，是觀察珊瑚礁海潮植被最合適的地方。」墾丁很權威的說。

我想起了冬季，墾丁比較涼爽的季節，貓鼻頭上總布滿了綠色的石蓴、滸苔等藻類，看起來青翠宜人、賞心悅目。

「海潮植群可分爲潮下帶、潮間帶、飛沫帶三帶，三帶各自生長著不同的海藻。」貓鼻頭伸展他像貓一般的鼻頭說。

「什麼意思？潮來潮去的？」牽牛花好奇的問。

貓鼻頭好脾氣的解說：「潮下帶就是被海潮覆蓋的地方；潮間帶是漲潮時被水淹沒，退潮時浮出水面的地方；飛沫帶則是會被海浪的飛沫噴濺到的地方。」

我們看到了潮下植群帶的馬尾藻、喇叭藻等藻類植物。

潮間植群帶的魯氏藻、石蓴、滸苔、頂囊藻、鋸齒麒麟菜、大葉仙掌藻等藻類植物。

在飛沫植群帶則見到了柔弱捲枝藻。

香蕉灣、鵝鑾鼻、風吹沙的珊瑚礁海岸植被

在香蕉灣、鵝鑾鼻，和風吹沙這三個地方，我們看

到了珊瑚礁海岸植被。

香蕉灣首先告訴我們：「我這兒最前線的臨海珊瑚礁植群帶有：在礁岩上匍匐生長的水芫花、安旱草、乾溝飄佛草、雙花耳草。礁岩後方則是台灣灰毛豆、鼠鞭草等植物。」

再向裡一些兒的海岸沙地裡，則長著馬鞍藤、文珠蘭、海埔姜和草海桐。

再進去是海岸灌叢。這兒生長著披滿白色絨毛的白水木、葉子有銳刺的林投、山欖、土沈香、白樹、毛苦蔘、白花苦林盤、葛塔德木、欖樹、黃槿、三星果藤、繖楊。

最裡頭的海岸森林植群帶，則由白榕、黃槿、恆春哥納香、棋盤腳、蓮葉桐、銀葉樹、欖仁所組成。

鵝鑾鼻跟著告訴我們：「我這個礁林公園裡，有完整的觀察步道穿越隆起的珊瑚礁，直到海濱。靠海那邊的植物，和香蕉灣的植物相似，而隆起珊瑚礁上的植物，則是我這兒非看不可的特色！」

鵝鑾鼻的說法，引起了大家的好奇。大夥兒紛紛依著他的指示向前看。

順著鵝鑾鼻的指示，我們看到了：蔓生在礁岩上的山豬枷和鵝鑾鼻蔓榕，以及在礁岩間空地上生長的港口馬兜鈴、長花九頭獅子草、台灣樹蘭、枯里珍、臭娘子、白榕、恆春山枇杷、大葉山欖、山欖、火筒樹、毛柿等。

風吹沙等我們看夠了之後，才不疾不徐的一一指著他那兒的植物說：「這是葉片很像馬鞍的馬鞍藤；這是成熟花穗的刺球可以借風力滾動傳播種子的濱刺麥；這是定沙力極強的海埔姜；這是使用吸盤寄生在其他植物身上的無根藤。」

龍磐的珊瑚礁丘陵植被

「在我龍磐這兒，可以看到珊瑚礁丘陵的礁陵草原，和礁陵灌叢植物群。」龍磐得意的說。

我知道，礁陵草原植物主要是耐乾旱的狼牙根、白茅、蒺藜草、印度鴨嘴草、竹節草等植物。草原上也零星點綴著開小藍花的土丁桂、紫紅花的灰毛豆、粉紅花的馬鞍藤、含羞草，以及帶尖刺的濱薊等。

而如果想看礁陵灌叢植物，則得將眼光轉向龍磐崖下，那兒有成塊生長的林投、白水木、臭娘子等植物朋友們。

社頂、墾丁熱帶植物園的珊瑚礁山地植被

社頂說：「我有高位珊瑚礁所形成的岩洞、裂隙，及峽谷等地形，並有觀察步道穿越其中，是觀察珊瑚礁山地植被的好地方。」

在社頂公園裡，我們看到了有紅色花海的火筒樹、過山香，匍匐在高位珊瑚礁岩壁上的雀榕、白榕，也見到了鐵色、恆春山枇杷、艾納香、咬人狗、相思樹、印度鞭藤等。

而在被人類破壞的空曠地上，卻也長出了長穗木和馬纓丹。

「到墾丁的人類，幾乎都會到我這兒走走。」以峽谷及洞穴等石灰岩地形為主的墾丁熱帶植物園提醒大

大葉楠

家。

「因爲，我這兒是熱帶季風雨林生長最茂盛的地方。除了本來就在我這兒生長的原生樹種以外，台灣人還引進了七百多種熱帶植物供人類觀賞呢！」

我們除了瞧見各種熱帶植物外，還看到了一棵外型像大象帶小象的木麻黃大樹！

在這兒的熱帶季風雨林裡，我瞧見了一層又一層的大樹、小樹，林冠鬱閉度極高的熱帶雨林景象。

除了有銀葉樹類的板根植物，白榕、稜果榕、豬母乳、幹花榕、九丁榕、澀葉榕等榕屬植物，形成許多許多的氣生根，和支柱根植物群外，也有蝴蝶蘭、崖薑蕨、鳥巢蕨等著生植物，依附在大喬木的樹身上生長；另外，也可以看到大葉楠、香楠、貞山馬茶、大葉樹蘭、茄苳、琉球蛇菰等植物。

•也是位於恆春半島的「南仁山」，卻有著與墾丁地區頗不一樣的植物景觀。原來，南仁山在地理位置上屬於中央山脈的南端，因此，植物特質也無可避免的承襲了中央山脈的特性。

而港口那兒，則長著許多大支柱根的白榕及稀有植物椴葉野桐。

南仁山有中央山脈的植物

也是位在恆春半島上的南仁山緊急澄清道：「我雖然也在這塊熱帶地區上，不過，我身上的植物朋友們，卻跟墾丁的珊瑚礁植群不太一樣。」

南仁山的話，讓我們嚇了一跳。

我們趕緊將眼光望向南仁山。果然瞧見他那兒的植物們，不像墾丁熱帶雨林裡的植物們，多半熱情的以纏勒、攀藤、著生、板根等，爭取最大的生存機會。

南仁山告訴我們：「我的身高雖然只有五百二十公尺，卻因爲身處中央山脈的尾端，而承襲了中央山脈的植物景致。」

太陽也在上頭提出：「南仁山這塊山丘雖小，卻保護著全台灣最大面積的低海拔原始闊葉林呢！」

「在我的身上，可以同時瞧見熱帶、亞熱帶，和暖溫帶的植物朋友呦！」南仁山得意的說。

我們順著南山路自然步道向上瞧。

起先看見的是人類開墾的農作物。然後，是一片相思樹的人造林。在地勢逐漸上斜的坡度之後，便是天然闊葉林的天下了。

在這兒，熱帶植物的幹花榕、稜果榕；亞熱帶的大葉楠、茄苳；暖溫帶的杏葉石櫟、桃葉珊瑚，都開心的迎著陽光綻放。

•與台灣隔著小片太平洋相對望的蘭嶼，因著位居熱帶氣候帶的緣故，而成爲台灣地區最具熱帶雨林特色的地方。又因爲接近台灣與菲律賓的關係，經常接收來自兩地海漂而來的植物，因此植物相非常豐富。

蘭嶼的熱帶植物群

蘭嶼首先問大家：「你們知道我爲什麼稱我這兒的植物爲熱帶植物群嗎？」

「因爲你的地理位置在熱帶地區嘛！」台灣二葉松說出了大家心裡同樣的想法。

「沒錯！」蘭嶼點點頭，繼續問：「有誰知道，爲什麼我身上的植物這麼多呢？」

大夥兒還在猜著答案的時候，蘭嶼已經沈不住氣，自個兒回答了：「因爲我的位置在台灣和菲律賓之間，兩個地方的植物都經常到我這兒玩兒、生長。」

我們跟著蘭嶼數了數他身上的植物，發現居然有八百五十多種。其中，特有植物達三十四種，稀有植物有一百二十一種之多。而台灣蝴蝶蘭、蘭嶼羅漢松等，更是已經瀕臨絕種的植物。

我沒想到這個孤立的火山島上，居然會有這麼豐富的植物群落。

「告訴你們呦，蘭嶼是整個台灣地區最具熱帶雨林特色的地區。」太陽笑咪咪的在上頭說著。

「哇！」大夥兒一陣讚嘆。

蘭嶼搔搔他身上的植物告訴大家：「我這兒的植物，主要是熱帶雨林植物，並長著些許海濱植物、草原植物、灌叢植物和森林植物。」

我們瞧見了在二百五十公尺以下向陽區域的山地次生林裡，生長著對葉榕、蘭嶼麵包樹、澀葉水麻、假山黃麻、落杜苧麻、蘭嶼血桐、蟲屎、血桐、蘭嶼竹芋等植物。

而二百五十公尺以上的山地熱帶雨林裡，我們看到了非常多植物間的著生、腐生、寄生和纏勒。

我知道，著生、腐生、攀藤、寄生植物，是熱帶雨林的特徵。可是眞的親眼瞧見這麼多、這麼多的他們，卻也不得不嘆爲觀止！

我在雨林裡數了數，數到了三十二種板根植物，有番龍眼、三蕊楠、蘭嶼山欖等。

二十九種支柱根植物：火筒樹、林投、蘭嶼福木等。

四十三種藤本植物：和肯氏藍木、幹花榕、蘭嶼野牡丹藤等幹生花植物。

還有白榕、大葉赤榕等纏勒植物；山檳榔、菲島檳榔等棕櫚植物。

能在這兒瞧見這許多道道地地的熱帶植物，大夥兒都直呼過癮。

「別急，別急，還有呢！」蘭嶼繼續往下說：「還有海濱植物、熱帶海岸林和海岸次生林呢！」

海濱植被可以分爲：珊瑚礁植群的蘭嶼裸實、草海桐、蔓榕、高麗芝等，以及高位岩塊植群的蘭嶼羅漢松。

熱帶海岸林裡，則有許多海漂傳播植物，像雅美人稱爲魔鬼樹的棋盤腳、蓮葉桐等。

海岸次生林裡，則是蘭嶼樹杞、蘭嶼山馬茶、咬人狗、蟲屎等植物。

至於一般的平地及山坡上，則生長著五節芒、白茅等草原植物；山露兜等灌木；及住在當地的雅美人食用的水芋、千年芋、黑山芋、小米等糧食作物。

告別蘭嶼，我們也就告別了我身邊近海的步道。我們將眼光轉向我身上距離海邊遠些兒的山地地方。

・陽明山這片北部的旅遊勝地，基本上是個火山地質區。這項天生的特殊體質，讓他無法承諾安定、成熟的土質環境，身上因此長出了許多能適應不良生長環境的先驅植物。

陽明山的火山周邊植物群

位在台北的陽明山洋洋得意的說：「我這座小山可是所有步道裡面，最多人造訪的步道呦！」

他說得一點兒也沒錯！這座東北季風強，且終年有雨的火山上頭，經常遊人如織。而且每到假日，經常是人擠人、車擠車的擁擠成一團。

陽明山提到，在他那兒可以看到：森林植被、草原植被、濕地植被和火山特殊植被。

七星山、大屯山的森林植被

「要在我這兒看森林，得到七星山背風的南坡，和大屯山上。」陽明山說。

我們依著陽明山的指示，看到了五百公尺以下的亞熱帶闊葉林，及五百到九百公尺間的暖溫帶闊葉林。

亞熱帶闊葉林裡，除了許多的姑婆芋、山蘇花、筆筒樹、台灣桫欏之外，林下草本層也生長著：包籜矢竹、芒草，及雙蓋蕨類、鱗毛蕨類、山月桃、冷清草、闊葉樓梯草、水鴨腳、台灣秋海棠等植物。

暖溫帶闊葉林裡，則有著稀有植物八角蓮、鐘萼木，以及長得最多、最好的紅楠及大葉楠。

此外，我們還看到了：昆欄樹、香葉樹、長葉木薑子、山櫻花、青剛櫟、毬子櫟、江某、墨點櫻桃、山紅柿、楓香、楊桐、稜果榕、牛乳榕、烏皮九芎、鹿皮斑木薑子、山龍眼、台灣山香圓、狹瓣八仙花、燈稱花、東瀛珊瑚、唐松草、四照花、野鴉椿、奧氏虎皮楠、七葉一枝花。

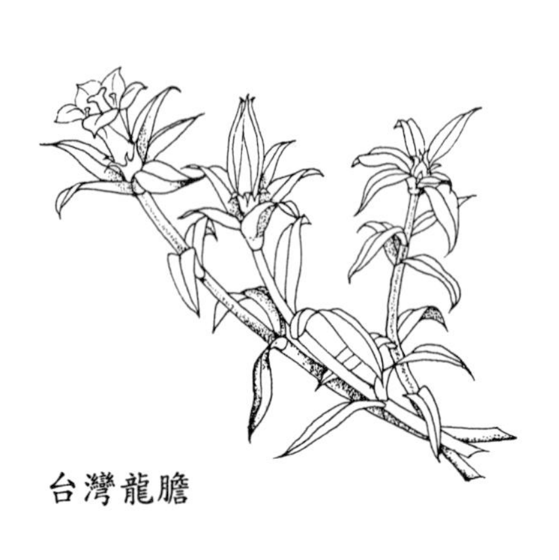

台灣龍膽

七星山、大屯山、小油坑、擎天崗的草原植被

「我這兒也有許多漂亮的草原。」

陽明山的話，讓我想起：有許多台灣人愛在陽明山上的草原散步，或躺在草原上看雲。也有許多放牧的牛兒，在草原上悠哉吃草。

順著陽明山的指點，我們瞧見了七星山西北坡，及大屯山南峰的硫磺氣地上，有成片的五節芒草原。七星山迎風北坡、大屯山、小油坑，則是成片的台灣芒草原。小油坑、七星山、大屯山上，八百公尺以上的背風平緩坡面上，長著包籜矢竹草原。讓許多人流連的擎天崗，則是滿地的類地毯草原。

野牡丹

七星山的草原上，也間雜著台北堇菜、台灣龍膽、硃砂根、台灣百兩金、中原氏杜鵑、呂宋莢迷、小毛氈苔等草兒的行跡。

在大屯山的草原上，我們瞧見了稀有植物台灣金絲桃，及台灣山菊、台灣馬兜鈴、落新婦、鄧氏胡頹子、金毛杜鵑、紅星杜鵑、大屯杜鵑、野牡丹、細辛、台灣馬醉木。

擎天崗的草原上則是：假柃木、印度鴨嘴草、山菅蘭、倒地蜈蚣、野牡丹、變葉懸鉤子等植物，與類地毯相伴。

夢幻湖的濕地植被

「要看我這兒最主要的濕地植物，得到夢幻湖。」

當我的眼光一瞧上夢幻湖，便立刻搜尋台灣水韭的蹤跡。

還好，湖中仍見台灣水韭細瘦的身軀，和七星山穀精草相依伴。

湖中還有柵藻、隱藻、矽藻、衣藻、膠網藻等水藻優游水中。

而荸薺、針藺、水毛花、小莕菜等植物，則挺立水中，在風中搖曳。

圓果雀稗、燈心草、桴藎等植物，則在湖邊濕地悠然生長。

看一趟夢幻湖，竟彷如走一趟空靈幽谷般，令我身心舒暢。

小油坑的噴氣口特殊植被

「來，到小油坑的硫礦噴氣口，看看生長在硫磺口的植物吧！」陽明山最後說道。

「眞的有植物能夠在火山硫磺口生長嗎？」我看到玉山薄雪草還沒到硫磺口，已經熱出一身汗了。

「當然有囉！」陽明山笑著回答：「就像你習慣生長在高山上，可是，你住的地方一定也會讓許多海濱植物卻步吧！」

玉山薄雪草點點頭，決定一起去體驗硫磺口的滋味。

在火山熱霧所及的地帶，我們瞧見了：三葉茀蕨、區柄蘚、葉苔、硫磺芝等植物。

而在硫磺口附近，則見到了：栗蕨、雲葉樹、南

• 北部橫貫公路連接桃園和宜蘭。由於終年有雨、濕氣濃重，因此，蜿蜒在叢山之間的公路兩旁，可以看見許多喜歡溫暖潮濕的樹種。再向裡去，紅檜、台灣扁柏等巨木也依山挺立。

燭、台灣馬醉木、白珠樹、台灣龍膽等植物。

另外，我們還看到了腺萼懸鉤子、寒梅、小薊、火炭母，以及經過火燒的日本黑松林。

北橫的暖濕霧林到巨木林

「我這兒的拉拉山、赫威山、棲蘭山、唐穗山、斯馬庫斯等巨木林裡的巨木，樹齡少則五百，多則高達三千歲。」北部橫貫公路語氣豪邁的說著。

「哇！」許多一年生的草本植物，像五節芒、咸豐草等，都發出景仰的讚嘆。

我知道，北部橫貫公路的溫暖氣候，及厚重的濕氣，的確很適合森林的成長。

北部橫貫公路依序向大家介紹了他那兒的植物型

態：暖溫帶闊葉林植物群、暖溫帶針闊葉混生林植物群、暖溫帶天然湖泊植物群。

達觀山的暖溫帶闊葉林植物群

在拉拉山的「達觀山自然保護區」裡，我們看到了八角蓮、台灣吊鐘花、台灣一葉蘭、燈台樹、冠蕊木、大葉海桐、葉長花、山白櫻、鐵釘樹等多種稀有植物。

在明池到棲蘭這段崎嶇的山間，我們欽佩於台灣樣樹依傍著山崖岩壁挺立。

由魯佩山經北插天山，到拉拉山的稜線迎風面上，有台灣山毛櫸純林在秋寒時繽紛落葉。

春天展芽開花，夏天葉茂青翠，秋天葉黃果熟，冬天葉落枝光的台灣山毛櫸，是這兒的第一層喬木。

他下頭的第二層喬木，是常綠闊葉樹的雲葉樹、日本灰木、台灣杜鵑、紅星杜鵑、薄葉交讓木、白花八角、台灣吊鐘花、刺格、台灣冬青等。

喬木下的地被層，則以玉山箭竹、台灣瘤足蕨最茂盛，並間雜生長著稀有植物：黃花鳳仙花、水晶蘭、紅星杜鵑等植物。

拉拉山、棲蘭、鴛鴦湖的暖溫帶針闊葉混生林

拉拉山、棲蘭、鴛鴦湖都可以見到台灣巨木檜木林。

這兒長得最好的樹種是：紅檜、台灣扁柏、香杉、台灣杉，和台灣肖楠。偶爾也可以瞧見混生其間的台灣

雲杉和台灣鐵杉。

長得第二多的樹種爲昆欄樹、木荷、森氏櫟，及霧社楨楠。

樹林下可以看見森氏杜鵑、柃木類、台灣莢迷等植物的蹤影。

檜木林裡，主要是紅檜和台灣扁柏的天下。

紅檜說：「我喜歡溫暖濕潤的地方，所以，想找我的話，往溪谷兩岸去準沒錯。」

台灣扁柏則說：「我喜歡冷冷涼涼、濕氣重的地方，想看我的人，得到海拔比較高的山稜脊，或側緩坡上。」

「通常，一千七百公尺的海拔高度是我們居所的分野，我住下頭。」紅檜說。

「我住一千七百公尺上頭。」台灣扁柏說。

紅檜還建議想瞧瞧他老態龍鍾相貌的人類，不妨到北插天山的「赫威巨木群」，及塔曼山西側的「拉拉山巨木群」去看看。

紅檜說：「這兩個地方是我的老弟兄們，在台灣爺爺身上僅存的兩個古老植群。」

我們在那兩個地方，除了看到紅檜和台灣扁柏之外，也瞧見了台灣鐵杉、台灣杉、香杉、威氏帝杉、台灣肖楠、台灣二葉松、台灣華山松、五葉松等針葉樹，以及其他的闊葉樹種們。

「等等，等等，別忘了我這兒的歷代神木群，也是以紅檜爲主要的樹種喲！」棲蘭歷代神木園強調：「要記得來看呦！」

鴛鴦湖、明池的暖溫帶天然湖泊植被

四周被蒼綠茂密的檜木林包圍著的鴛鴦湖，湖上總有成雙成對的鴛鴦優游、停棲。是許多想看鴛鴦，或想看檜木的人類，喜歡造訪的地方。

「先來看看我周圍的大樹們吧！」順著鴛鴦湖的提示，我們看著湖的四周，發現湖四周的台灣扁柏和紅檜，高高占據樹林的領空權，成爲第一層喬木；雲葉樹、白花八角、台灣杜鵑、高山新木薑子等闊葉樹則組成第二層喬木；喬木下的灌木層，爲守城滿山紅、台灣杜鵑、鈍齒鼠李、柳氏懸鉤子、假柃木等所駐守；地被層則是掌葉黃蓮、台灣瘤足蕨等植物的天下。

「再來看看我湖中的植物吧！」

在鴛鴦湖中，我們看到了沈水植物線葉眼子菜，挺水植物東亞黑三稜。

湖邊沼澤地，則是濕地泥炭苔、玉山莞、針葉臺、燈心草的天下。

鴛鴦湖的鄰居明池，也是個天然湖泊。明池說道：「原本我的四周也長滿了檜木林，現在，檜木林已經幾乎被砍光了。所以，只看得到人工柳杉林。」

在明池的四周，我們也看到了許多水毛花、燈心草等濕生植物。

中橫的熱帶植物到溫帶植物

穿越中央山脈的崇山峻嶺，聯絡我身上中部東西兩地的中部橫貫公路，在東西的奔波中，看盡沿途的峽

•穿越台灣中部，連接台中和花蓮的中部橫貫公路，是台灣地區連接東西兩地的重要動脈。隨著海拔的向上攀升，可以看見熱帶、亞熱帶、暖溫帶、冷溫帶等不同植物景觀。

谷、斷崖、瀑布、多層河階等地形，以及生長其間的植物朋友。

這一路上，我們看到了一個隨海拔攀升而氣候垂直變化，所造成的帶狀植被，從熱帶、亞熱帶、暖溫帶，到冷溫帶等不同的氣候植物。

清水斷崖、太魯閣口、文山地區的熱帶植被

「這段海拔五百公尺以下的河谷沖積平原，有著季風雨林裡的常綠闊葉植物群，以及著生在石灰岩陡坡山壁的山地岩生植物群。」中部橫貫公路領著我們一路看。

在匯源山谷，我們看到了完整的四層雨林結構，還

見到稀有的花蓮鐵莧。

在布洛灣和靳珩橋附近，看到了大葉楠、大香葉樹等樟科植物；雀榕、幹花榕等榕屬植物；茄苳、菲律賓饅頭果等大戟科植物；以及水冬哥、樹杞等植物。

從長春祠到文山，一路看到的都是兩岸絕壁的峽谷地形。

其中，九曲洞垂直岩壁可以看見以台灣蘆竹、密花苧麻、雙花金絲桃爲主的許多草本植物。

而慈母橋周圍，則見著峽谷代表物種：太魯閣櫟、黃連木、青桐、白雞油、狗娃花、六道木、森氏菊。

綠水到合流步道間，有太魯閣國家公園設置的解說站，仔細觀察可以看到許多岩生植物：結堅果的太魯閣櫟、結有毒紅果的台灣馬桑、搖著串串白鈴鐺的大葉溲疏、果實具扁平薄膜的車桑子、樟葉槭、源一木、青剛櫟、東方狗脊蕨、萬年松、羅氏鹽膚木、槭葉石葦、彎龍骨、台灣刺柏、阿里山千金榆等原生植物。還可以看見樟樹與台灣泡桐造林木。

文山、德基、洛韶的山地亞熱帶植被

包括文山到新白楊地區，德基到東勢地區，和洛韶到華綠一帶河谷兩旁，都可以瞧見優美的常綠闊葉林植物群。其中，長得又好又多的是霧社楨楠，另外，也混生著日本楨楠、青剛櫟、鬼櫟、校力、大葉楠、紅楠等植物。

在德基到谷關這段地區，我們看到了一整片五葉松林，松林間也穿插著土肉桂、山肉桂、台灣櫸、阿里山千金榆等植物朋友。

而谷關到東勢之間，則是大葉楠、糙葉樹、倒卵葉山龍眼、短尾葉石櫟、楓香、台灣櫸等植物，一路展現他們青翠旺盛的生命力。

新白楊、智遠莊的山地暖溫帶植被

在新白楊到碧綠之間，低於二千公尺的慈恩前段，仍是常綠闊葉植物的天下，我們在這段路上看到了稀有的川上氏泡桐、台灣胡桃。

過了慈恩的高於二千公尺後段，則開始出現針闊葉混生林，在這個雲霧經年繚繞的地區，紅檜、台灣扁柏、台灣鐵杉、威氏帝杉、香杉、台灣雲杉都生長得很好。

其中，慈恩溪的台灣雲杉林的林下，有日本楨楠、霧社楨楠、雲葉樹、狹葉櫟、山櫻花、台灣水絲梨等闊葉樹。

慈航橋附近則有挺秀的威氏帝杉族群，混生台灣鐵杉、台灣雲杉、台灣二葉松，及其他闊葉樹。

碧綠一帶有四十公尺高的三千年香杉神木。「有人稱我爲香杉，也有人叫我巒大杉。」香杉散發著淡淡香氣輕聲說著。

在香杉神木的附近，我也瞧見了一棵台灣稀有植物——台灣紅豆杉。

從智遠莊到德基這段地區，因爲台灣人開發山坡地的情形很嚴重，所以滿山遍野只見人類栽植的溫帶水果：蘋果、水蜜桃、梨等果樹。

而德基到青山一帶的陡壁上，看著台灣肖楠挺立壁上，讓我在爲他捏把冷汗的同時，也不禁敬佩起他來。

碧綠、大禹嶺、智遠莊的山地冷溫帶植被

「我這兒靠近碧綠和智遠莊的兩端是針闊葉混生林，到了大禹嶺附近才開始出現針葉林。」山地冷溫帶植物群說著。

在這兒，我們瞧見了：

金馬隧道附近，是一片台灣雲杉與闊葉樹的混生林。

在關原上，有台灣二葉松和高山櫟的混生林。

在匡蘆隧道附近，我們看見了在秋冬時節，處處染紅的溫帶落葉樹樹冠。

大禹嶺過合歡隧道北口右轉，往畢祿山的林道，則

是台灣冷杉林、台灣雲杉林交會地帶。林道裡面也有台灣二葉松、台灣華山松、台灣雲杉、台灣鐵杉、威氏帝杉等針葉樹。

望著一路豔紅的溫帶落葉樹，及處處搶眼的針葉林，我一再感受到天候漸冷的訊息！

合歡山原始闊葉林的四季變化

「霧社到合歡山之間，這段屬於中央山脈北段的山地，有豐富的溫帶落葉植物和高山植物。尤其是夏季的繽紛野花，以及冬季的火紅落葉，都是足以傲人的特色。」合歡山說道。

合歡山說：「歡迎到我這兒來，體會體會原始闊葉林植被、台灣鐵杉針葉林植被，和台灣冷杉針葉林植被。」

霧社、清境的原始闊葉林植被

合歡山告訴我們：

在霧社，除了可以看到人類種植的梅、李、櫻、柳杉、台灣二葉松、廣葉杉和樟樹之外，每到秋天，還可以看到結火紅果實的台灣欒樹，以及飄落鮮黃落葉的無患子。

清境農場的路旁有高大的柳杉，以及人類種植的高冷蔬菜，和梨、水蜜桃等溫帶果樹。

在梅峰到翠峰的稜線西側陰坡面，有一片高大茂密的原始闊葉林。林裡有冬春開花的蔓黃苑、台灣八角金盤、通條木、山胡椒、西施花、笑靨花、葉長花、台灣

• 從霧社到合歡山之間，可以看見許多溫帶落葉植物，在秋風乍現時，展露一樹的燦爛風華。而隨著海拔高度的不斷攀升，落葉景色逐漸被常綠針葉樹種取代，充分呈現出植物與高度緊密聯結的趣味。

烏心石

一葉蘭、深山野牡丹、庭石菖、台灣鳶尾等。

夏秋開花的曲莖藍坎馬蘭、角桐草、盤花麻、肉穗野牡丹、南五味子、黃苑、紫花鳳仙花、黃花三七草、滿冠花朵的木荷等。

秋冬紅花落葉飄滿地的青楓、台灣紅榨槭、尖葉槭、結著紅果的珊瑚樹、結著紫果的巒大紫珠、飛散綿絮的小白頭翁、爆出紅子的烏心石、熟果懸垂的台灣羊桃、結著紫黑種實的粗榧等。

此外，還有結果的森氏櫟、長尾柯、大葉柯、青剛櫟、栓皮櫟、狹葉櫟、黑星櫻、黃肉楠、台灣土肉桂、昆欄樹、台灣赤楊、茵芋等植物，爲這兒妝點出不同的四季相貌。

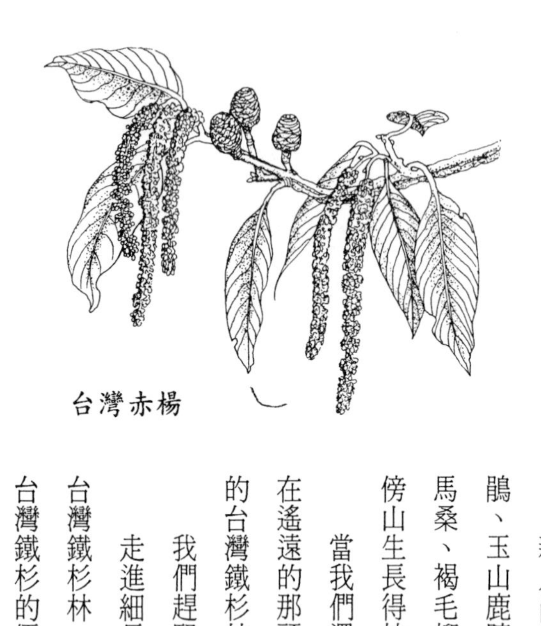
台灣赤楊

新人崗、鳶峰的台灣鐵杉針葉林植被

新人崗到鳶峰沿路的山壁非常陡峭，然而紅毛杜鵑、玉山鹿蹄草、大葉溲疏、高山倒提壺、南燭、台灣馬桑、褐毛柳、小金櫻等小灌木，卻一點兒也不畏懼，傍山生長得枝枒茂盛。

當我們還流連在觀賞一路的岩壁植物時，鳶峰已經在遙遠的那頭大聲呼喚：「快來呀，快來看我這片壯美的台灣鐵杉林呀！」

我們趕緊加快腳步，來到鳶峰的台灣鐵杉林。

走進細長的枝葉水平伸展，有如展出一朵朵綠雲的台灣鐵杉林，我的心忽然沈靜了下來，我靜靜的欣賞著台灣鐵杉的優美身形。

正當我沈醉在台灣鐵杉優美的樹形中時，一陣催促自下頭傳來：「嘿，台灣爺爺，別儘管抬頭仰望台灣鐵杉哥哥，也低頭瞧瞧我們呀！」

我循聲低頭，瞧見了林中的台灣鵝掌柴、森氏杜鵑，和林下茂密的玉山箭竹；而杉林邊緣的玉山假沙梨、冬青也都長得繁茂熱鬧。

鳶峰告訴我：「在這兒，春天和夏天，可以看到整片盛開的紅毛杜鵑，開花的玉山鹿蹄草、大葉溲疏、高山倒提壺。秋天則輪到玉山石竹、羽葉香葉草、台灣澤蘭、台灣繡線菊、台灣油點草、台灣百合、黃花敗醬、玉山毛蓮菜、輪葉沙蔘，和結著果實的高山忍冬、台灣赤楊、台灣華山松、台灣二葉松等的花季。」

我了解他們輪番開花，是爲著輪番爲這兒點綴不同的花團錦簇美景。

高山薔薇

昆陽、武嶺的台灣冷杉針葉林植被

進入昆陽，進入台灣冷杉針葉林，立刻感受到一股冷颼颼的寒意。台灣冷杉林邊緣的玉山杜鵑、刺柏、玉山圓柏、巒大花楸、高山薔薇、玉山薔薇，卻與台灣冷杉一般，無視於周圍氣候的寒冷，兀自快活的生長著。

在武嶺，這個台灣公路的最高點上，我瞧見了沿著合歡山群峰谷地分布的成片台灣冷杉林植物群，台灣冷杉林的高高聳立，與山頭的高山草原植群形成一線鮮明的森林界限。

台灣冷杉林附近，還有由刺柏、玉山圓柏、玉山杜鵑、玉山薔薇、玉山莢迷等，所構成的高山灌叢植群。

奇萊山吆喝了：「想看高山植物四季不同面貌的，趕快過來呦！」

在往奇萊山的登山小徑上，我們細細體驗了各種高山植物的四季變化：

春夏開花的台灣報春花、阿里山龍膽、台灣龍膽、玉山龍膽、台灣百合、大葉溲疏等，爲這兒的四季妝點第一波花季。

夏秋開花的梅花草、玉山女蔞草、玉山繡線菊、玉山金絲桃、玉山金梅、玉山小米草、玉山佛甲草、玉山筷子芥、高山沙蔘、高山芒、台灣澤蘭、水晶蘭、玉山水苦蕒、台灣百合、巒大當藥、玉山飛蓬、玉山毛蓮菜、早田氏香葉草、白花香青、火燄草、台灣烏頭、黃苑等，喜愛在炎熱的季節開花。

秋冬結著果子的巒大花楸、刺格、虎杖、台灣藜蘆、玉山山奶草、台灣繡線菊、台灣鹿藥、玉山當歸、高山薔薇、玉山薔薇、玉山懸鉤子、高山白珠樹、刺柏、一枝黃花、巒大當藥、七葉一枝花等，在冬寒前結好了果子，放心的準備過冬。

玉山的針葉林到高山寒原

玉山雖然最後出場，卻最篤定。他沈穩的告訴大家：「我在台灣的中央地帶，我這兒沒有平疇沃野，只有高山峻谷。」

我們跟著玉山丈量從塔塔加鞍部到玉山主峰，發現這段路雖然直線距離不到七公里，高度落差卻達一千二百公尺以上。

許多習慣熱帶氣候的植物朋友們，都已經給凍僵了。

在這段溫帶到寒帶，氣候冬乾而夏濕的山地上，我

•玉山主峰標高三千九百五十二公尺。雖然號稱台灣第一高峰，卻是條容易親近的登山步道。從塔塔加鞍部一路上行，可瞧見以針葉樹種爲主的高山植物景色。而接近峰頂的碎石坡上，則見典型的高山寒原與大自然妥協的成果，令人動容。

玉山沙蔘

們拜訪了台灣鐵杉森林植被、台灣冷杉森林植被，和高山寒原植被。

塔塔加鞍部到玉山前峰的台灣鐵杉林植被

我們在塔塔加鞍部的陰濕谷地上，看見了一片台灣雲杉林。

在孟祿斷崖南面向陽坡上，有台灣二葉松林、玉山箭竹草原，及伴生其間的台灣刺柏、馬醉木、紅毛杜鵑、褐毛柳、台灣馬桑。

空曠的破壞地上，就數高山芒長得最多、最好。高山芒周圍也零零散散生長著玉山石竹、早田氏香葉草、玉山沙蔘、高山沙蔘、輪葉沙蔘、黃苑、台灣繡線菊、台灣澤蘭。

玉山前峰到海拔三千二百公尺間，挺立著一片沒有綠葉、了無生機的白木林。

「你們好奇怪呦！你們是誰呀？」一向枝葉繁茂的榕樹好奇的問。

白木林說：「我們曾經是台灣鐵杉或台灣冷杉，我們被山上發生的火災燒死後，樹皮雖然經過風化而剝落，但是，山上寒冷的氣候，卻讓我們的樹身不容易腐壞而依然挺立，所以，才成爲這片獨特的白木林。」

聽了白木林的說明，有些調皮的小樹還靠過去摸摸、敲敲。

「嘿，你們雖然死了，可是，卻還是很硬耶！」他們說。

「呵呵呵！」白木林沒有回答，只丟下一連串的笑聲。

白木林到玉山西峰之間，我們看見了枝幹分叉，樹幹像傘蓋一般向四周開展的台灣鐵杉純林。林下有大群的玉山箭竹，以及散落錯生的台灣鵝掌柴、玉山假沙梨、昆欄樹、台灣小蘗、大葉溲疏、森氏杜鵑、高山薔薇等。

大峭壁到排雲間的台灣冷杉林植被

大峭壁到排雲之間，一路是樹幹通直、林相優美的台灣冷杉純林。

台灣冷杉提醒我們：「想看高大的森林的話，得趁現在趕快看。再往上，就只看得到矮矮的灌木叢囉！」

我們都記得再向上是高山寒原，所以格外珍惜這片高大的森林。

在台灣冷杉林的枝葉間，我們瞧見了台灣冷杉暗紫色的毬果。

「好漂亮呀！」咸豐草眞心讚美。

台灣冷杉告訴我們：「現在正是我的毬果成熟時節，所以是暗紫色的。」

在台灣冷杉林下，密密生長著地衣和苔蘚的上頭，我們看到了玉山箭竹，和伴生其中的玉山杜鵑、玉山圓柏、玉山薔薇、巒大花楸、黃苑、亞毛卷耳、玉山鬼督郵等。

接近山峰的高山寒原植被

從排雲山莊更向前行，很快便到達了森林界限。

超過森林界限之後，一路看到零零星星的玉山圓柏，在強風、寒霜及凍雨中，長成矮盤灌叢的特殊形貌。

高山寒原告訴我們：「玉山圓柏是森林界限上最大的族群。所以，人類稱他爲最適存於森林界限上的原住民。」

我們都點頭如搗蒜的一致表示同意。

除了玉山圓柏之外，玉山杜鵑及玉山小蘗等灌叢，也是一路匍匐生長在這片惡地上，向大夥兒展示他們堅強的生命力。

一路上，我們還看見了玉山薔薇、玉山繡線菊、玉山飛蓬、玉山當歸、玉山金絲桃、玉山金梅、玉山水苦賈、玉山茴芹等草本植物。

再往上行，在玉山主峰的碎石坡面、風口斷崖、山巔裸岩，這些冰雪期長達四個月的高山上，有開著五彩鮮豔花朵而塊狀叢生的：高山沙蔘、玉山薄雪草、玉山山蘿蔔、玉山籟簫、玉山佛甲草、高山艾、玉山龍膽、阿里山龍膽、曲芒髮草、中國地楊梅等。

也有由黑苔等高山苔蘚類，及平貼在岩石表面的地衣所組成的高山苔原植群。

看罷玉山山巔上的植物朋友們，看著來來回回走在玉山步道上的人類朋友們，我的心裡充滿了不確定的期望。

盼望大家都能快樂的生長

太陽的腳步偏西了，他得繞向西半球去了，我望著忙了一整天的植物朋友們，心裡充滿了敬意，也充滿著疼憐。

在這個夕陽西下的時刻，我只能默默祈禱：我們的努力能獲致台灣人的共鳴，讓所有生長在我台灣身上的生物，都能快快樂樂、安安全全的過日子；讓我台灣這個小小的海島，能日日聽聞生物歡欣愉悅的生氣！

「再見了，太陽！」

揮別落日的餘暉時，我衷心期盼，下一個日出，會是個更好的開始！

•這兒提到的自然步道，是台灣全島較具代表性的步道。近幾年來，各地方政府也在當地設置適合居民觀賞的自然步道，讀者可自行與當地民政課聯繫得知。

台灣風土系列❼

植物的故事

2000年8月初版
2015年9月初版第七刷

定價：新臺幣單冊200元
新臺幣一套10冊1800元

審　訂　潘富俊
著　者　陳月文
發行人　林載爵

出版者	聯經出版事業股份有限公司	責任編輯	黃惠鈴
地址	台北市基隆路一段180號4樓	封面設計	劉茂添
台北聯經書房	台北市新生南路三段94號		
電話	(02)23620308		
台中分公司	台中市北區崇德路一段198號		
暨門市電話	(04)22312023		
郵政劃撥帳戶第	0100559-3號		
郵撥電話	(02)23620308		
印刷者	世和印製企業有限公司		
總經銷	聯合發行股份有限公司		
發行所	新北市新店區寶橋路235巷6弄6號2F		
電話	(02)29178022		

行政院新聞局出版事業登記證局版臺業字第0130號

本書如有缺頁，破損，倒裝請寄回台北聯經書房更換。　ISBN　978-957-08-2115-4 (平裝)
聯經網址 http://www.linkingbooks.com.tw
電子信箱 c-mail:linking@udngroup.com

國家圖書館出版品預行編目資料

植物的故事／陳月文著．--初版．
--臺北市：聯經，2000年
232面；14.8×21公分．(台灣風土系列；7)
ISBN　978-957-08-2115-4(平裝)
[2015年9月初版第七刷]

1.植物-台灣-青少年文學
2.台灣-青少年文學

673.2　　89010214